DEMYSTIFYING THE PROFESSION:
HELPING EARLY-STAGE FACULTY SUCCEED
Resources for Medical, Law, & Business Schools and Colleges & Universities

JoAnn Moody, PhD, JD
National Faculty Developer and Higher Education

Author's Foreword

Taken together, the three inter-related papers in this booklet present numerous insights and "tricks of the [professorial] trade" derived from: my consulting work since 1988 with hundreds of early-stage and senior faculty, administrators, post-doctoral scholars, and graduate students at professional schools, colleges, and universities; key studies by superb experts; and my own early experience as a college professor and higher education administrator. I have attempted to present all this succinctly and clearly (having given up on wittily).

The aims of the papers are to:

❖ **Demystify** certain parts of academic careers that typically bewilder not only early-stage faculty (tenure-track, adjunct, clinical, visiting, research, term, physician/faculty, and others) but also post-doctoral scholars, medical residents, and advanced graduate students considering academic careers.

❖ **Coach** early-stage as well as future faculty in concrete ways to increase the likelihood of success and enjoyment in their profession. Caveats, precautions, and Practice Scenarios are included.

❖ **Spotlight** and tell the truth about the special burdens and taxing dynamics often imposed on non-majority faculty (especially if they are "one of a few" or the "only solo") in majority settings. The burdens and taxes are usually related to the non-majority person's gender, ethnicity, sexual preference, social class, religion, and/or race (race is a social construction which can have at times significant positive or negative ramifications for a person, as we well know).

❖ **Prompt** and practice senior faculty, department chairs, deans, provosts, and campus presidents so they *grasp in detail* the stresses and confusions experienced by less advanced majority and non-majority faculty and then, based on their new understanding, they *take pro-active steps* to reduce those confusions and stressors.

I strongly believe self-help actions by early-stagers are necessary but not sufficient. Also essential are effective steps from power-holders at colleges, universities, and professional schools—steps that will boost the job satisfaction and various achievements of their faculty colleagues.

Contents: Three Papers

1. Pointers for Tenure-Track, Adjunct, & Other Faculty and for their Department Chairs, Deans, and Senior Mentors
2. Junior Faculty: Job Stressors and How to Cope with Them
3. An Action List for Department Chairs, Senior Faculty, Deans, Mentors, Provosts, and Campus Presidents

Discussion Scenarios—Practice for All

Pointers for Tenure-Track, Adjunct, & Other Faculty and for their Department Chairs, Deans, and Senior Mentors

For those who have recently joined the professoriate (in the categories of tenure-track, adjunct, clinical, research-only, term, visiting, physician/faculty, and others), I hope you will find this paper helpfully detailed—about the roles you are performing and the balancing of the professional and personal parts of your life that you are attempting. Some of the pointers in this paper may be immediately applicable to your situation. Some may motivate you to reduce the severity of problems you are wrestling with as well as more fully savor the joys you have discovered in your work—at medical, law, or business schools or at government labs and research institutes or at colleges and universities.

I trust **department chairs, senior faculty, deans, provosts, and other administrators** will find this paper illuminating. Many of you would like to find ways to assist early-stage colleagues in better managing their myriad job-related tasks. Some of you have disclosed to me that you view current work conditions as far more complex and demanding than those you faced as novices in the profession. It would be invaluable for you senior faculty and administrators to take an interest in demystifying and simplifying current conditions wherever appropriate, by means of departmental discussions and new programs and also by mentoring and cluing in newcomers and early-stage faculty.

Finally, **post-doctoral scholars, medical residents, and advanced graduate/professional students** should begin visualizing the major roles that will be required of them if they plan to enter the professoriate. This paper (and the following one on stress) will probably foster that visualization. Additionally, I urge you *now* to experiment with your work and play habits as well as with your approaches to time- and stress-management. Such experimentation is likely to help you find and develop constructive new habits and outlooks. Start practicing now.

For more than 25 years, Robert Boice has developed faculty development programs at various types of campuses and has interviewed, studied, and coached a multitude of faculty members. Although his book *The New Faculty Member* is addressed to department chairs, college and university deans, and other campus officials, Boice's superb insights are essential, obviously, for prospective and actual early-stage faculty. The discussion below synthesizes a sizable number of findings derived from Boice (as well as from other experts and my own work experience) and organizes these points in what I intend to be an easy-to-follow format.

QUICK STARTERS: HOW DO THEY TEACH?

Some early-stage faculty, according to Boice, express remarkable satisfaction with and enjoyment of their teaching and receive high ratings for their teaching effectiveness from students and expert observers. These faculty, whom Boice dubs "quick starters," exhibit the following traits. [Note to reader: no one human being will have all the markings of a quick starter or of the opposite, a slow starter. All of us would be located somewhere along the continuum between these two poles—poles which have been admittedly exaggerated to facilitate quick comprehension.]

1. Quick starters are student-friendly. Arriving early to their classes, quick starters chat informally with their students. Showing interest, they work hard to learn students' names. They devote some problem-solving attention to students who may be obstructing productive class discussion. For example, quick starters don't shy away from cordially "defanging" trouble-makers and cordially "dampening down" monopolizers. These processes are best done in the instructor's office.

Realizing that students cannot read their minds, quick starters make sure that their syllabi are very detailed in the ground rules intended to govern interactions in the classroom. Ground rules, in my view, will improve the classroom culture and classroom discussions. Increasingly I find that faculty (junior and senior) refer to specific language in the school's mission statement or in the campus student handbook. For instance, one of these documents may call for "respectful interactions with fellow students and faculty." But remember to give illustrations in the syllabus of what this means: such as, "sarcasm can be hurtful so please avoid its use in the class, lab, field, and small-group discussions. It is important for everyone in this course to have a voice so please do not monopolize and shut out others who wish to speak. Please refrain from using electronic devices (smartphones, iPads, etc.) during class, and please put away laptop computers when class discussion is occurring so you can give your full attention." Such ground rules are designed to save headaches and misunderstandings and to improve the intellectual growth of students. Be sure to review the rules several times with students during the semester. Samples of ground rules to include in the syllabus can be found at the University of Denver's and other campuses' websites. Increasingly, I see academic departments as a whole specify limitations on student use of Twitter and other electronic means of communication while in the classroom or classroom "annex" settings. This is understandable!

What else do quick starters do? They hand out very informal class evaluations early in the course, to find out anonymously what students are finding most helpful and least helpful about the readings, case studies, simulations, discussions, and so on. The quick starters then review these anonymous points in class, they encourage students to react, and they explain what refinements and modifications, usually minor, will be made as a result of this exchange.

In my experience, students invariably appreciate this invitation to give feedback. In the class discussion prompted by it, the students come to better understand the professor's pedagogical goals and strategies, better understand how they can improve their own class participation, and sometimes better grasp the predictable dynamics of groups and group discussion. (While I stumbled into this pedagogical mid-term "debriefing" of students some 30 years ago as a very young and very green assistant professor, I am pleased to see that several handbooks on teaching now verify the value of this protocol--or trick of the trade, if you prefer.)

2. Quick starters regard their teaching as somewhat public and in the process of evolving. These wise individuals take the initiative to seek teaching advice and "tricks of the trade" from junior and senior colleagues in their own and other departments. Visiting others' classrooms, inviting them to their own, experimenting and at times co-teaching with diverse colleagues--these are typical moves. Another is to track down the exceptionally accomplished teachers on campus and consult with them. Treating teaching and learning as open-ended and public enterprises (rather than closed, private, and proprietary) should become more widespread.

The Internet is quickening this approach to teaching: faculty can now communicate about their teaching problems and successes via several bulletin boards sponsored by the American Association for the Advancement of Science, the National Science Foundation, the Sloan Foundation, and several disciplinary societies. I recommend "Tomorrow's Professor" Listserv that shares tricks of the trade, especially for science educators and researchers at all levels, and has an archive of articles for easy review. Talking, reading, and thinking about their teaching and their students' learning are enjoyable for quick starters; they say they plan to experiment even more to increase effectiveness and stimulation for both themselves and their students. By the way, "Tomorrow's Professor" Listserv also shares tricks of the trade about running labs, supervising and mentoring interns, and better understanding of American student cultures (especially key for new immigrant instructors and international visitors). Check out the articles by authors and practitioners at "Tomorrow's Professor" (Rick Reis, director).

3. Quick starters take an optimistic approach to their students, their colleagues, and their campus. Every student has good promise. This belief should radiate from educators and authority figures, according to Columbia University Provost Claude Steele. The psychologist, formerly at Stanford, has demonstrated how class instructors can boost students' motivation and resilience. Most especially majority women in math and other traditionally male fields as well as certain stigmatized U.S. minority students (Blauner) in any fields will benefit from these "boosters." These students often suffer from "stereotype threat" (the fear that they will reinforce the negative stereotype about their innate abilities, based on gender or group affiliation). The threat produces cognitive overload for them.

Optimistic instructors debunk this negative stereotype and repeatedly underscore that intelligence is *expandable,* rather than set at birth. Wise instructors remind students to avoid prematurely screening themselves out of specialties or occupations that appeal to them. Following Steele's advice, effective instructors tend to be very careful in the way they give criticism. Here is an example: "Dewayne, as you know our department has high standards. Right now, you're not meeting these. But I have confidence that you can. I want to give you some pointers so that you will succeed." For more info about feedback and about stigmatized groups in the U.S., go to www.ReduceStereotype.edu.

I also recommend the article "Student Diversity Requires Different Approaches to College Teaching, Even in Math and Science" by Indiana University Biology Professor Craig Nelson. Although students may be highly motivated and promising, they nevertheless may not know the "appropriate" discourse for your discipline nor the recommended ways to answer your test questions and write up lab reports. Demystify these processes, Nelson urges, so students can succeed.

Quick starters also take a hopeful approach to their colleagues. They realize that their first impression about a co-worker may be negative but that additional data must always be collected, to refine that impression. Further, smart early-stagers remind themselves to avoid taking sides in department feuds and politics. Claremont Graduate University Professors Paul Gray and David Drew, in their book *What They Didn't Teach You in Graduate School: 199 Helpful Hints for Success in Your Academic Career,* explain why neutrality is necessary: "Never, ever choose sides in department politics. The side you are on expects your support because its members know they are right. They will give you no reward for it. The side(s) you are not on will remember forever" (p. 59). I hasten to add: never ever engage in heated *email* exchanges with colleagues. No good will come of it. David Schuldberg, Professor of Psychology at the University of Montana, shares a related point: "Avoiding public gossip is a wise strategy and a feature in the careers of some of my most successful colleagues" (personal conversation).

Usually by the end of the first year, quick starters say they feel they are a welcome part of the school. They say they dislike wasting time listening to others' chronic complaining and "horror stories." As a junior faculty member confided to me: "I hate *ain't it awful* litanies and try to find some excuse to leave when someone starts up." They try to avoid people who specialize in being bad-mouthers and stress carriers. Especially in graduate school, chronic complaining seems to be an unfortunate part of the landscape. A Dissertation Scholar in cultural anthropology, Ken Marty recalls: "I didn't expect to find so many graduate students with severe anxieties and low self-esteem. Many of them constantly talk about stress, pressure, insecurity, and the difficulty of writing" (personal conversation). If any of you while in graduate school picked up the virus of chronic suffering and complaining, then please realize how much psychic and intellectual energy are being drained from you.

Reversing Internal Negativity
When quick starters catch themselves indulging in negative self-talk and complaining (such as, "I'll never be able to teach accounting because I'm just not good enough"), they yell STOP to themselves and try to get in the habit of being kind and supportive in their self-talk to themselves. One faculty member disclosed to me: "Becoming aware of my self-talk has helped me become a lot more encouraging to myself. It was amazing to notice how often I thought of myself as a fraud. That's ridiculous! I am on my way to becoming a very steady physician, researcher, and faculty member."

From my work, I know that women (finding themselves in traditionally male settings) and certain minorities (associated with stigmatized groups, such as African-American, Puerto Rican-American, Mexican-American, American Indian, Native Hawaiian) can have extra stressors and negativity to ward off. Sometimes, they unfortunately internalize some of the denigrating attitudes about their abilities that they have heard from authority figures and from peers. Sometimes they conclude they deserve the cultural **cumulative disadvantages** (Blauner) which have accrued to them because of their outsider and suspect status. A moving example is found in the article "Peer Mentoring Among Graduate Students of Color" wherein three male graduate students of color review why and how they formed a dissertation-writing group. One member of the group disclosed the following.

While the reality of being at a predominantly white university and being faced with an occasionally hostile environment was not new, it did not prepare me for the internalized fear and racial vulnerability I experienced as I struggled with the writing of my dissertation. I often asked the question out loud: 'What is a working-class, New York Puerto Rican trying to do entering the ivory tower?' (Bonilla, Pickeron, Tatum, 106)

Such self-talk is important to reprogram, because it indicates that destructive negativity has been internalized. An optimistic, kind, and confident "internal recording" for oneself is well worth cultivating. I am happy to report that Jim Bonilla, quoted above, is now a successful professor at Hamline University in St. Paul.

4. Quick starters feel increasingly comfortable in the classroom. Boice and other faculty developers note that going too fast through lectures, business or legal case studies, reports on patients, problem sets, and assigned materials are predictable mistakes made often by nervous beginners. Quick starters come to realize they must slow down their class, clinic, and lab sessions and in various ways check to see that the students are not being left behind. Early on, quick starters try to promote critical thinking; they make sure that their students are preparing for class and that *they,* not just the instructor, are doing intellectual work during the meeting time. In their courses, they spotlight some of their own specialized research interests and clinical projects: both the students and the instructor usually enjoy this examination of something fresh and new, and usually a few students will be drawn in as apprentices, as a result of this intellectual sharing.

Promoting Critical Thinking and Discussion
Typically determined to generate productive student discussions, quick starters experiment with a range of interactive techniques until they find what works for them and their unique personalities. How can a instructor, junior or senior, become more comfortable and competent in promoting students' analyses and critical thinking? Having reviewed a score of primers, I put at the top of the pile a four and one-half page article "Why I Teach by Discussion" by the distinguished historian, Anne Firor Scott at Duke University. Scott elegantly explains why and how.

Here is her **why:**
"...An important part of a teacher's responsibility is to plan classroom experiences that promote a sense of discovery. One is not engaged in pouring knowledge into an empty vessel; one is trying to activate an intelligence to begin learning on its

own. My purpose in any course is less to communicate a body of knowledge than to help students learn how that knowledge came to be and how it can be used to think through problems and organize concepts." (Scott, 187)

Scott then shares her tricks of the trade regarding *how to:* design a syllabus for a course based on active learning; conceptually ready the students for active learning; insure students' class attendance; jumpstart student discussion; keep discussion on track; summarize frequently; deal with "dead silence" from students; model mannerly and respectful behavior during spirited arguments; design appropriate examinations and evaluations for an active-learning course; and perform a dozen other important tasks. Basically the approach in Scott's classes is to *cover less* (material) and *discover more*. Scott concludes: "Keep thinking about the educational process, what it ought to accomplish, how one can make it work better. The kind of teaching I have here described does not grow tiresome since it is always changing and developing. And since the teacher is not bored, students are not either" (Scott, 190-91). When the instructor feels stimulated rather than bored and is successfully moving the class towards becoming a community of learners, then usually that instructor will become increasingly comfortable and satisfied in the classroom. At least that is my experience and observation.

Here's another tip. In a large lecture class, stop the class once or twice per meeting; pose a question (try to make it funny sometimes), and ask for a show of hands for one of three answers; then ask each student to take five minutes to convince a neighbor of the "correct" answer; then after five minutes, ask for another show of hands. Usually, minds have been changed through animated talking. Harvard Professor Eric Mazur has documented that his students comprehend and retain more when he uses this technique in his large lecture course (Harvard videotape, "Thinking Together: Collaborative Learning in Science"). There are many more clever techniques. Ask your colleagues, near and far, what works for them.

5. Quick starters aim for balance. Early-stage faculty typically have one or more of these tasks to perform: teaching, doing research and writing, providing medical or legal aid, and acting "collegial." Most people think collegial means serving with colleagues on departmental and campus committees, a necessary and at times large part of being a "good citizen" and doing campus and departmental "service." But collegial must also mean building positive relationships with members in one's own and other departments, working up collaborative projects with colleagues next door or continents away, and expanding one's support system first begun perhaps in graduate or professional school or in a post-doc position.

Dividing Up the Workweek
Balancing the functions of collaborative colleague, effective teacher, productive scholar (and perhaps physician) is extremely difficult, but quick starters work intensely on their coordination and timing. First, they pay close attention to how they organize their workweek; they make sure all their major functions receive quality investment. No one function, such as research and writing, gets put on the back burner (unless research and writing are not viewed as essential for the faculty member and his/her department and school). Quick starters limit the time they spend on lecture and class preparation so that this preparation doesn't consume their workweek. Usually, no more than two hours of preparation are dedicated to each classroom hour—and by the newcomers' third semester, closer to 1.5 hours (Boice). Quick starters try hard to prevent "negative spillover" of their professional duties into their family and private lives. Protection of their private, personal space and commitments is very important. Rather than feeling overwhelmed and desperate, quick starters try to stay calm and work for balance, much like performing *tai chi*. Balance is possible when one is striving for **competency** but probably never possible when one's hidden agenda is **perfection.** Striving for perfectionism can quickly cause an individual to become a frenetic workaholic and lose balance and a sense of well-being.

Urgent Versus Important Tasks
Naomi André, Associate Professor of Women's Studies at the University of Michigan, disclosed to me that she has found it invaluable to think through whether a task to be done is *"urgent"* or *"important."* She explains: "It's so easy to put aside important tasks and give all of one's attention to urgent and often trivial tasks" (personal conversation). To avoid the addiction to seemingly urgent emailing (as one example) and to stay focused on more important personal and professional tasks—these are smart behaviors. All of us can probably improve in these areas and move closer to control and balance.

Some professors, like MIT Professor of Electrical Engineering Cardinal Warde, also juggle the three traditional roles with the additional role of business entrepreneur. As the holder of several patents and the founder and president of an optical devices company, Warde is—needless to say—a very busy person. (By the way, he is a gifted mentor of students.) Yet one is struck by how thoughtful and calm he appears. Sometimes he also has to deal with the taxing role of being a minority in a majority society. Here is what he has learned: "Minorities can enter any field [he himself is African-American], but they have to wrestle with additional pressures that arise because they are from a minority group. Understand that you can't fight every battle or you will lose your focus; make a plan for how to handle these difficulties. You have to let some things slide. **Balance is necessary"** (personal conversation).

While balance has abundant pay-offs, it is certainly not easy to achieve, whether by minority, majority, male, female, adjunct, clinical, research, visiting, or tenure-track academics. Remember to be on guard against perfectionism. Be kind to yourself. Divide up your workweek. Complete important tasks, not just urgent ones. Decide what things you will allow to slide. Work to become not only an effective teacher but also an efficient one. Work smarter, not harder.

SLOW STARTERS: HOW DO THEY TEACH?

What about those who express anxiety about their teaching and who receive consistently below-average ratings from students and expert observers? Dubbed "slow starters" by Boice, these folks exhibit the following traits and habits.

Slow starters believe lecturing is the only way to teach. Delivering perfect "facts-and-principles" lectures is their consuming goal. They present too much material too rapidly in the classroom. They try to ignore the bored and sometimes hostile reactions from students. Over-preparing for their lectures, they teach defensively so to avoid being accused of not knowing their material. Above all, they fear being exposed as an impostor. They have few plans to improve their teaching beyond improving the content of their lectures and power-point presentations as well as making student assignments and tests easier.

Feeling Lonely and Overwhelmed

Although slow starters resent that no senior faculty volunteer to help them with their teaching, stress-management, or adjustment to the professoriate, they themselves don't approach anyone for help or comfort. Preparation for their lectures takes up almost all their workweek, to the near exclusion of scholarship and writing, professional networking and collegiality, or other tasks important to them. They feel frantic and overcome with coursework. "No writing or keeping up with law colleagues until I figure out what I'm doing with my classes." "I can't keep my head above water; the grading and classes are eating up all my time." "I realize that as long as I'm struggling to have good enough notes and problems, I will never get around to writing." In short, slow starters suffer. They focus on urgent tasks and feel relentless pressure. They can't keep their eyes on the important prizes that they most value. They suffer.

No Teaching Coaches in Graduate School

Slow starters usually received little or no coaching and supervision as graduate/professional students or as post-docs that would help them become more comfortable, efficient, and effective as teachers. This is especially true for science and engineering specialists. Because they are often forced to "wing it," their bad teaching habits can quickly harden while their stress and dissatisfaction in the classroom, lab, clinic, or field can proliferate.

This is why it is so important for campuses to offer or require teaching-improvement workshops—as well as "Becoming a Professor, 101" seminars--for the newcomers whom they hire. For examples of such sessions, see Macalester College's, Connecticut College's, and Brigham Young University's websites. New teachers and their undergraduate and graduate students will be the grateful beneficiaries of demystifying programs and seminars.

Another exemplary program is run by the School of Engineering at North Carolina State University. Every August, a four-day orientation workshop for all new faculty is held, using a highly interactive, active-learning, "mini-clinic" approach to help newcomers become "quick starters" in teaching and research. Due to the orientation's success, faculty search committees make sure that job candidates understand the substantial investment that is made in new hires' success and satisfaction. Not surprisingly, the orientation is often a deal-*maker* for job finalists (Brent, Felder, and Rajala).

QUICK STARTERS: HOW DO THEY WRITE?

The same people who are described as quick starters in teaching usually demonstrate fast starts as scholarly writers/researchers and collegial networkers. During most workweeks, quick starters in humanities and social science make time to do scholarship, usually four to five hours per week, and they spend as much time on professional networking as on writing—because the two activities feed and reinforce one another (Boice).

Quick starters in science-related fields, of course, must often raise funds to support all or part of their research projects and subsequent publications. (Research is paramount at Research I universities but varies in importance at other campuses.) To get a head start, quick starters in the sciences often plan out and draft their research funding proposal *before* assuming their assistant professor appointment. The best time to think about the contents of your initial proposal is when you are preparing for your job interviews. "Your interviewers will be very eager to know what your research plans are. Thus at the same time as you are formulating the ideas necessary to win a job and writing the 'research directions' portion of your resume, you can be writing the basic elements of your proposal [with help from your graduate school mentors, of course]" (Feibelman).

Management of Time and Tasks

Quick starters in all disciplines say their real problem is not time-management but task-management. They learn they must limit the amount of time they spend on class preparation but they ALSO must limit the amount of time they spend on writing. Writing in brief, non-fatiguing, daily sessions lasting about an hour, they hardly ever write in the evenings or on weekends. They also devote about one hour each day to networking—such as phone calls, visits, e-mail—wherein they discuss, with colleagues near and far, their teaching, their writing and research projects and ideas as well as their plans for future projects with other scholars. (Again, Internet is a networker's dream come true.)

By practicing moderation and getting into a balanced groove, quick starters say they have stopped complaining about being so busy, rushed, and overwhelmed. Senior faculty who are accomplished writers likewise follow this writing-in-moderation approach, according to Jarvis who interviewed 100 humanities professors. Similarly, John Creswell in *Faculty Research Performance: Lessons from the Sciences and the Social Sciences* reports that productivity in research and publications peaks when scientists, junior and senior, spend about one-third of their workweek on research. Going beyond that seems counterproductive.

Mismanagement of Time and Tasks

By contrast, **slow starters**—whether they are less advanced or more advanced faculty—are marked by busyness, procrastination, and binges. These faculty think the ideal time for writing is when they have a big uninterrupted period, such as a week or fortnight off. And they think that they can write only when they are fully prepared, ready to do the perfect paper, and not feeling so busy. Because they stay very, very busy, they put off writing, month after month. Procrastination sets in because writing becomes too big a deal, becomes too important, and requires too much effort and just about perfect conditions.

Effective and efficient writers push themselves to get an outline of their project done quickly and to methodically write and fill in gaps. Such writers accept the fact that several revisions will be necessary. Very little writing and thinking flow cogently and elegantly from anyone's pen or laptop on the first try—though don't we all wish it would happen this way! In addition to habitually revising their work, efficient writers learn the tricks of the trade about getting published in their field, from more experienced practitioners. Quick starters learn how to interact productively with editors and publishers. They seek advice from wise owls about when they should laboriously revise to please an editor or peer reviewer and when, instead, they should immediately send their work to another good prospect. Learning another shortcut, they have several scholarly projects going at the same time. Creativity and efficiency are usually enhanced by doing this.

What can slow starters in writing do to improve?

Boice as well as other writing coaches (such as Peg Boyle Single) recommend that slow starters undertake brief, daily writing sessions of about one hour in duration. Long-term studies reveal conclusively that these sessions pay off for new and senior faculty. Here are several of Boice's explanations of why they work so well.

1. This one-hour-per-day writing regimen minimizes tension and fatigue.

2. This regimen keeps the writing fresh in the author's mind and thus minimizes warm-up or catch-up time.

3. The schedule coaxes writers to get over their perfectionism and begin writing before they have the ideal block of time and preparation. Holes must be left in the imperfect, ongoing work and then filled in later.

4. The regimen helps new faculty feel that their scholarship is underway. Because procrastination takes a lot of energy (isn't this so?) and can generate free-floating anxiety, *getting on* with the writing brings some relief and satisfaction.

In addition, remember to sustain conversations about your ongoing writing with colleagues and students. These conversations add to the feeling of collegiality and usually bring new ideas and insights to your writing and thinking projects.

What can slow starters in the sciences do? Slow starters are "usually overwhelmed and don't break their work down into discrete pieces," observes James Henkel, Associate Professor of Medicinal Chemistry and Associate Graduate Dean of the Graduate School at the University of Connecticut. To new science faculty who are clearly spinning their wheels, his advice is this. Talk with your mentors and some of your peers about how to subdivide your research projects. Then begin work on one part, even if it is only jotting down stream-of-consciousness insights, hunches, and questions on the back of an envelope. "The important thing is to get something down on paper. This breaks through the writing block or the procrastination that has you stalled."

Setting milestones is more good advice. Using perhaps a large timeline sheet taped to your wall, "you post the external deadlines you face for your grant proposal or conference presentation and then you work backwards, writing on the timeline sheet what specific tasks have to be done by what date." Clearly, this strategy will help to reduce the feeling of being overwhelmed and immobilized. Henkel adds magnanimously, "Even the most organized person sometimes misses deadlines. Don't be terribly hard on yourself, and think your career is ruined when you make mistakes like the rest of us. You'll recover" (personal conversation).

More Writing Tips for Everyone
Boice has tips on rearranging writing habits, again based on what works with the various faculty he has studied and prompted. Here are some.

1. *Make writing a moderate (not an above-all-else) priority.* Rarely do writing during evenings, weekends, or vacations. Produce something every day, even just writing notes on existing literature— no matter whether you're in the mood or not.

2. *Write when you are fresh*—probably in the morning. Keep a chart on the wall that shows your writing schedule and what you actually did, day by day. Start small (15-minute daily sessions) and gradually move up to an hour or what seems right for you. Don't go beyond your limit because it will be counter-productive. When academic writers "binge" and go beyond their daily limit, they are unlikely to write during subsequent days or be productive in the long run.

3. *Compliment yourself when you meet your daily goals.* (Remember how empowering or, on the other hand, debilitating your self-talk can be? Make sure it's empowering.) Once you are comfortable with your own writing regimen, make longer-range plans about future writing projects. Once you're in a comfortable groove, try working on two or three manuscripts concurrently. Why? Cross-fertilization of ideas usually takes place, and your boredom with any one project can be reduced.

4. *Get into a writing support group.* Writing groups have provided support and invaluable feedback and critiques for Sarah Willie-LeBreton, first as a graduate student at Northwestern University, then as a visiting dissertation scholar at Colby College, and now as an Associate Professor and Chair of Sociology at Swarthmore College (personal conversation). The well-written book *Every Other Thursday: Stories and Strategies from Successful Women Scientists* by Ellen Daniell provides another example of a productive, career-enhancing group. For details about Grinnell College's Early-Career Faculty Group, see my booklet "Solo Faculty." For details about the University of Virginia's "Professors as Authors" Program, see the campus website.

5. *Get in the habit of sharing conceptual outlines, drafts of papers and research grant proposals with colleagues.* Ask them to anticipate criticisms from journal reviewers and funding sources. This will aid you in making corrections or additions to head off the criticisms, and will help you become thicker-skinned and less devastated when you (like everyone else) get rejections from publishers and funding agencies.

   Here are two related steps: "Sharing grant proposals with friends is very useful and builds up a network of doing very valuable favors for each other. Also try to find a colleague with a successful proposal or lots of accepted manuscripts in the journal you want to 'break into.' Work up a mutually beneficial relationship with that person" (Schuldberg, personal conversation).

6. *Compile a "catalog" that lists your already completed writing and research projects, your on-going ones, and plans for the future.* Share this catalog with your closest colleagues and mentors, to get advice. Then show the revised catalog informally to your department chair and several other senior faculty, to receive some informal feedback on whether your efforts seem to be leading you toward your goals.

Suppose the chair and the faculty refuse to give you any feedback informally and also refuse to undertake annual reviews of your job performance. (And maybe they refuse to give tenure-trackers any clues about the standards that will be used for tenure and promotion.) Boice advises you to keep updating your catalog and showing it to your chair and the others on an annual basis, *anyway,* because the catalog demonstrates that you are trying and because it helps you keep in touch with your own progress and tasks yet to be completed. It may also influence the chair and others to behave more constructively. I hope so.

To summarize, Boice identifies an elaborate system to be followed for productive academic writing and scholarship. This system is not theoretical; it has worked for hundreds of senior and junior faculty members at large and small schools. To insure that early-stagers benefit from this time- and task-management system, campuses and departments should organize writing workshops that will facilitate the adoption or adaption of the system— while recognizing, of course, that some will have already constructed their own systems which work for them and do not need fixing.

"QUICK STARTERS": HOW DO THEY NETWORK AND CULTIVATE COLLEAGUES?

Both quick and slow starters say a big surprise is discovering how lonely and intellectually under-stimulated they feel at first in their new settings. In a way, these faculty grieve for the social and intellectual circle of friends, companions, and mentors they enjoyed in professional or graduate school. There, "people worried about me and I about them." But leaving that cocoon, early-stagers have to start all over in a new setting where some of the senior co-workers can be standoffish; absorbed in their own worlds; caught up in gossip and departmental or hospital politicking; and uninterested in welcoming new folks and helping them adjust and succeed in their demanding new roles. "I was at first totally stunned by how little community I saw or experienced in this department," recalls one newcomer who must remain anonymous. But quick starters break out of this debilitating scenario. Drawing on his comprehensive studies, Boice found that quick starters spend five or so hours per week in building collegiality for themselves, through face-to-face visits, letters, phone calls, and e-mail with old and new colleagues, near and far. Here is what our exemplary types do:

1. Quick starters actively reach out to junior and senior faculty, including faculty in other departments on campus. They are not scared to take such risks. They attend colloquia and lectures given by esteemed colleagues and dare to initiate cordial conversations with them.

2. They track down accomplished teachers on campus and at other campuses and learn what they can from them—as well as enjoy the collegiality that results.

3. They don't hide their own scholarship away: they freely talk about it and ask informed others for their reactions (whether these others are on or off their campus and whether they are peers or instead way up the hierarchy).

4. Quick starters reach out and persuade others to join with them on collaborative writing, teaching, entrepreneurial enterprises, clinical, research, or fund-raising projects.

5. Quick starters understand that they need to be not independent but instead interdependent with others.

Avoid Going It Alone

John Creswell reinforces Boice's analysis above. According to several studies of faculty examined by Creswell, productive science and social science researchers maintain regular contacts with colleagues with similar research interests; they circulate papers among themselves; they help one another find bibliographical references; they brainstorm about the implications of each other's hunches, failures, theories, and discoveries. They find that such personal interaction is far more important than merely reading journals and even presenting formal papers at formal meetings. Of course, "working the crowd" at a conference can be important: talk to people at science poster sessions, presentations, and panel discussions; ask for their papers and reprints and get back to them with your feedback. This is how you create allies for yourself.

To get in an interdependent and productive mode, Creswell urges students while in graduate school to collaborate with senior scholars and to begin building a solid professional network with colleagues near and far, junior and senior. This network will pay dividends in the future— in the form of opportunities to collaborate, new research ideas, requests to serve on editorial boards of journals, and deeper and wider understanding of certain approaches, questions, and puzzles. Going it alone is counter-productive. Going it alone for non-majority faculty who find themselves on the outside of the information loop is particularly hazardous to their satisfaction and success. Spend time on becoming interdependent with other colleagues. Interdependence is necessary for survival and success—and it can be fun.

.

Getting Started

When did quick starters get their start? Often in graduate or professional school. At this point in their lives, they began collaborative projects with others which continued as they assumed their new faculty positions. During those years (and perhaps the post-doc years), the quick ones learned how to cultivate and add new allies--peers as well as seniors--to their ever-growing professional support networks. So when they show up for their new posts, they come with allies, mentors, boosters, and collaborators already "in their pocket," as I describe it to the Doctoral Scholars I coach. In such a strong position, the new hires manifest personal power and professional standing. Both things, it appears to me, evoke respect from others and make the newcomers attractive as prospective associates and collaborators to the established colleagues at the new school. Personal power and professional standing also make non-majority junior faculty far less vulnerable—such as, when faculty in the majority culture are not as warm and welcoming as the newcomers had expected and when depressing "critical incidents" occur, such as a stinging remark from a co-worker or a low rating on a student evaluation (see Boice's excellent article, "Early Turning Points in Professional Careers of Women and Minorities").

On the other hand, slow starters got their slow start in graduate school. They didn't seize opportunities for networking, mentoring, and collaboration, whether with peers or senior leaders. Feeling vulnerable as they leave graduate school, they feel even more so when they are hit with critical, negative incidents at their new campus. As junior faculty members, they get stuck in passivity; they do not reach out to talk to anyone about their teaching, scholarship, balancing family with career, or any other important topic. They unwittingly create isolation for themselves because they are so passive and so overwhelmed with busyness and disequilibrium in their workweek. They don't seek new mentors, and they don't have them. Their unhappiness is intensified because they slowly but surely become "stress carriers" themselves. To break out of this sad pattern, slow starters must undertake a number of self-help actions discussed in this paper. Secondly, one or more senior faculty must conscientiously mentor and prompt them.

[Detailed pointers for mentors and mentees are included in my booklet "Mentoring Early-Stage Faculty." To order that booklet, see steps on the back cover of this publication.]

Conclusion

If you see yourself —like most of us in academia— as a slow starter in one or more ways, then get moving. It is never too late to become more accomplished in collegiality, scholarship, teaching, research, or clinical work with patients and clients. It is never too late to begin practicing balance and interdependence.

If balance and interdependence are now only tenuously present in your personal and professional lives, then construct a plan of action that will enable you to develop both. Include your mentors and peers in the implementing of your plan. What is at stake? Very likely your job satisfaction and success.

Senior faculty and campus administrators: you should reach out to help early-stagers cultivate balance and interdependence. Self-help efforts undertaken by them are necessary *but not sufficient.* Those of you with resources and experience can make sure the following are offered: orientations and workshops for early-stagers (on writing grant proposals, running a clinic or lab, teaching, building a support network, publishing, managing stress, etc.); informal or formal mentoring match-ups so that early-stagers are guaranteed some attention, brief or extended, from "wise owls" in the department or elsewhere; monitoring and mentoring by department chairs; small grants to help early-stagers with research, publishing, and participation in conferences; far more pro-family benefits that help everyone perform their parental duties in a less frenetic manner, such as on-campus child-care centers as well as generous family leave that does not in actuality penalize the fathers and mothers who use it; and finally annual and detailed job-performance reviews and other systematic feedback for early-stagers. (More points for deans, chairs, and presidents appear in the third paper of this booklet.)

The goal must be to supplement the essential self-help actions being undertaken by the early-stagers—so they grow into successful and satisfied teachers, writers/researchers, practitioners, and colleagues. If such growth takes place, then benefits will accrue not only to these members but also to their institutions, departments, colleagues, clients, patients, and students.

Junior Faculty: Job Stressors and How to Cope With Them

This paper describes the job stressors that a variety of early-stage faculty (adjunct, tenure-track, research-only, term, visiting, clinical faculty/staff appointees, and others) typically encounter, and then offers proven, *practical* ways to handle them. Additional stresses are spotlighted that non-majority faculty—such as white women and members of certain minority groups—may experience when they work in "skewed ratio" professional settings (Kanter). These are settings where their gender or group membership sets them apart from the dominant group and they are often viewed as suspect or enigmatic. Strategies for coping with these extra stressors receive attention near the end of this article.

Self-help steps and strategies are essential for early-stage faculty at medical, law, and business schools and at a variety of universities and colleges, whether they find themselves viewed as majority or as non-majority. In addition, pro-active steps are necessary from *senior* faculty and administrators. A hands-off approach can keep non-majority junior faculty, in particular, at a distinct disadvantage and blunt their contributions to and satisfaction with their profession and school.

The following discussion draws on my own experience as a college professor and administrator (remember the epigram: "Experience is what we call our *mistakes*"?). The paper also arises from my interactions and consulting work since 1988 with hundreds of faculty, both majority and minority, and from an abundance of insights from several important studies.

TYPICAL STRESSORS—AND WHAT TO DO ABOUT THEM

1. Not enough time. This stressor, according to faculty developer Mary Deane Sorcinelli and other experts, afflicts new hires not only in their first year but also in the months leading up to performance reviews and tenure review (for those on that track). The tenure decision, by the way, usually comes after

three or six years but in medical school sometimes later if clinical duties are involved.) Preparation for classes can't be put off, so what usually suffers is attention to other functions and domains. Teaching can overwhelm a workweek because early-stage faculty rarely receive careful supervision of their teaching as well as coaching in the "tricks of the trade." If they had received these in graduate or professional school, they would begin their careers as more efficient and comfortable teachers. Because they are usually unprepared as they take their first job, they can feel intense anxiety about their duties in the classroom. As their research, writing, or other tasks are put off, their anxiety intensifies.

What You Can Do

Use practical, nuts-and-bolts terms as you talk to other junior faculty and to senior faculty inside and outside your department—about how to teach more efficiently and effectively as well as how to execute the projects you're working on or wish to work on. Such practical exchanges are the opposite of sweeping generalizations and "horror stories" about how awful life is in academia or at a particular campus or school. Talking will probably yield insights that enable you to adopt new time-management and time-saving habits and to feel more in control of your workweek. Additionally, concrete talk will help you reach out and build new relationships with colleagues; these will provide you with social and psychological support and reduce your loneliness and isolation. As a result, your morale will be bolstered.

Here's another step to take: set up a task-management and time-management regimen for yourself that maintains balance among your teaching; research and writing; work with clients and patients; and building of professional networks. A sense of balance will usually dampen anxiety and stress, as I explain in the earlier paper "Pointers." Another way to keep stress under control: sign up for a relaxation and/ or exercise program and stick with it. Your physical and mental health demands it. Never forget to reserve time for the things you enjoy and treasure. If you sacrifice these to a frenetic workweek, you will likely spin out of control and feel that precious parts of yourself are being lost.

Finally, even though you have a multitude of tasks to execute, you must resist becoming a workaholic. This is a serious danger for new faculty, according to Robert Boice who has interviewed and coached hundreds of junior and senior faculty at various campuses. If you keep your head down, frantically work every waking moment, sacrifice your private life, fail to cultivate new friendships and mentoring relationships, neglect your intellectual networking with colleagues near and far, then you are positioning yourself to be *counterproductive, exhausted, and demoralized.*

2. Inadequate feedback and recognition. This stressor is widespread. Harvard researcher Cathy Trower directs the national Collaborative on Academic Careers in Higher Education (COACHE). Trower and her colleagues have interviewed and performed "peer diagnostic" surveys of more than 10,000 tenure-track faculty at more than 200 colleges, universities, and professional schools (especially medical). One of the clearest patterns from COACHE: early-stage tenure-trackers do not receive systematic and clear information about the requirements for tenure and promotion. Far more "show and tell" transparency is called for, according to Trower (personal conversation; also see the program's website). Unfortunately, academia at all levels seems marked by a conspiracy—almost—of silence: essential knowledge one needs to thrive is kept unspoken and hidden. Not only students but also early-stagers suffer needlessly when they are not coached and the "game" is not demystified.

For junior faculty, mystery enshrouds how to get all of one's demanding work done while keeping some sanity, joy, and balance. Mystery often enshrouds how to secure a favorable evaluation during job-performance reviews and especially at tenure time. Unfortunately, some chairs and senior faculty do not volunteer (either formally or informally) to clarify the requirements nor give detailed feedback on how early-stagers are doing and suggest what else ought to be done. Being in such a bewildering fog is guaranteed to create insecurity and stress.

What You Can Do
As early-stage faculty, you should proactively cultivate mentors inside and outside your department. These allies can give you reactions to your teaching or scholarship or networking that will help you improve your performance and enhance your enjoyment. These mentors will also give you different degrees and kinds of social and emotional support and encouragement—essential if you are to thrive. Having mentors outside your department means you don't have to worry about impressing them all the time, the way you might if your mentor is in your department and potentially on your tenure-review committee (if you are a tenure-tracker).

Securing mentors. Admittedly, there is an art to securing mentors —they usually don't knock on your door and quickly sign up. Here are a few tips. After becoming familiar with some of the research, patent work, novels, clinical innovations, paintings, or other projects being undertaken by prospective mentors, you can engage them in conversation. Who doesn't like to talk about what is important to them? From one such cordial conversation can flow others that may add up to the development of a mentoring relationship. Or, secondly, try becoming extra friendly with one or two colleagues you admire who serve on a campus or departmental committee with you. My overall advice is this: *you* must take the extra steps. Don't be shy—you need mentors so reach out for them. In my booklet "Mentoring Early-Stage Faculty," I provide ample illustrations of how mentors boost one's social-psychological well-being and also one's career-advancement (the two dimensions of mentoring).

Securing feedback. Different strategies should be employed to find out how your work thus far is being viewed by senior leaders in your department. Boice suggests constructing a catalog (maybe portfolio is a better word) that contains the early-stage member's completed, ongoing, and planned projects as well as the member's teaching philosophy, plans to improve, and student evaluations. After having your closest colleagues help you improve your career portfolio, show it to your chair and other senior faculty, on an annual basis, and seek their opinions as to whether your work is leading you toward your goals. Even if your readers decline to give you any useful feedback, you will be demonstrating your commitment to the process and you will be helping yourself keep tabs on your own progress and productivity.

Relatedly, develop a five-year plan that will guide your progress as a scholar, teacher, practitioner, and colleague. This is a good idea because the plan can indicate what resources (travel funds, business workshop, teaching or research assistant, clerical help) you will probably need to accomplish your goals. You are then well-positioned to seek assistance when you meet with resource allocators such as chairs, deans, and provosts. First, show your draft plan to your old and new mentors, and solicit their assistance with revising and thinking through how to implement the plan. This process will guarantee you systematic feedback and get you thinking early on about how to successfully clear several career hurdles. When you're ready, show your revised plan to your chair and dean.

No feedback can mean problems. As always, ask for general feedback about your job performance on an annual basis from the chair and other senior faculty. It is dangerous to assume that no feedback is a positive and must mean "no problems." Annual reviews of early-stagers are, fortunately, becoming more widespread in departments. When there are negative points in the formal and informal evaluations (and there will be), discuss with the chair and other senior faculty what you need to do to improve. As advanced graduate students and post-docs begin their academic job search, they should remember to ask whether the interviewing department has in place annual reviews for junior faculty, that will enhance the newcomer's adjustment to the new department and demystify somewhat the attainment-of-tenure process. If no such systematic reviews are in place, then the interviewee is advised to *negotiate for them* before accepting a faculty position.

Keep records. Finally, keep careful records from day one of your activities and accomplishments as a teacher, writer/ researcher, practitioner, and colleague: these comprise a large part of your job file and you don't want to forget anything. When a significant compliment comes your way about any of these roles, pleasantly ask the admirer to write you a short letter for this tenure file. If you wait years to ask for these testimonial letters, the details will be sparse and unconvincing. Here is some helpful advice from *Becoming a Historian, A Survival Manual for Women and Men:* "Keep class grade lists, course outlines, notes, and evaluations, if available. Keep copies of anything written for institutional business, publication, or

public presentation, as well as reviews of your work. Inform the chair of the department whenever you apply for or get a grant, have something published, or appear on the program of a professional meeting—in fact, anything that contributes to your professional career" (Gustafson, p. 64). Also keep records on all committees you have served on and all students you have advised.

To document your teaching experiences and effectiveness, make sure you also file your course syllabi, your writing and lab assignments, examples of a variety of student papers from your classes, in-class hand-outs, and any other written work that indicates your competency as a teacher. If you have a problem with a particular course, then you are advised to write an explanation to your department's personnel file that gives your perspective on the problem and what you are undertaking to prevent its recurrence. Make sure your department chair and personnel committee have an opportunity to discuss the explanation with you during your annual review. What you are doing here is damage-control. In a similar way, you would send an explanation to your credit bureau, to insure that a credit problem or misunderstanding you have experienced will not ruin your credit rating.

3. Unrealistic expectations. Sorcinelli reports that studies of first-year faculty members show "newcomers feel a great deal of self-imposed pressure to perform well on every front." She quotes one insightful novice: "It's been very stressful to try to do everything and do it well. I'm not coping very well and I work every living, breathing moment I'm awake…The problem is that I could live with less than a perfect job as a business student but not as a business professor."

Boice repeatedly cautions: hard work propelled by perfectionism does not guarantee that early-stagers will thrive—this is the most typical mistake made by novices. To compound the mistake, some deans, senior faculty, and department chairs don't reach out to encourage and help early-stagers adjust to their new jobs and reduce the stress they are enduring. On the contrary, these seniors often expect early-stagers to "hit the ground running"—an unrealistic, even cruel expectation and a version of sink or swim.

What You Can Do
First of all, please listen carefully to the "self-talk" going on inside your head. Are you pushing yourself

inhumanely? Are you berating yourself and accusing yourself of being an impostor? If so, try to change what's going on in your head. With the help of friends and mentors, try to construct realistic expectations for yourself. Compliment yourself for methodically working to realize these. Compliment yourself daily for all the talent and hard work you are investing in your profession. Remind yourself how very far you have come.

Organization—not perfection. Setting priorities for yourself, with the help of your mentors, is a necessary move. Also consult with both mentors and peers about various action plans designed to accomplish these priorities. With their help, construct your "official" game plan and methodically pursue it. Concentrate on important tasks that are a part of your game plan and try to resist being drawn off into the performing of urgent, but frequently trivial tasks. Procrastination is necessary—but make sure you procrastinate wisely.

Perfectionism may be the biggest trap and anxiety-producer. An accomplished practitioner of and writer on mentoring, Professor of Sociology Charles Willie in Harvard's Graduate School of Education says that learning to be less than perfect in some tasks is a difficult lesson for junior faculty. But if they don't learn it, they can "tie themselves in knots" (personal conversation). Organizational psychologist Joan Tonn, retired management professor at the University of Massachusetts-Boston, agrees. In her workshops on stress management, she urges: "Stop punishing yourself for not being a perfect person; instead encourage yourself." Accept joyfully that "everything worth doing is not necessarily worth doing well—no matter what your grandmother insisted" (personal conversation).

4. Lack of collegiality. Early-stagers often report that in their new department or clinic they enjoy "very little" companionship and collegiality. How serious is this? It is a "major" source of stress and frustration, according to Sorcinelli, Boice, Seldin, and a half dozen other researchers. Loneliness and intellectual under-stimulation can easily and quickly undermine the newcomer's enjoyment of the job. Newcomers complain that senior colleagues don't reach out to them and offer friendliness, encouragement, and pointers. But researchers hasten to add that most early-stage faculty are very passive and rarely seek out advice and mentoring from within their department or from others on campus.

What You Can Do
Early-stage faculty should be pro-active and reach out again and again to both junior and senior faculty, inside and outside their department. In reaching out for allies, newcomers should be on guard against negative first impressions and in stereotyping (on the basis, for instance, of gender or group membership): these mind-sets will severely narrow the possibilities. A first impression about someone (such as, *he really looks like an old fogey*) becomes a cognitive error when the holder fails to gather additional info and to revise the first take on the other person (Moody, "Cognitive Errors"). With an open mind, novices should track down accomplished teachers on campus and consult with them. Instead of being shy, early-stagers should talk about their research, writing, clinical tasks, or teaching projects with others on campus and off. Those whom Boice dubs "quick starters" typically spend about five hours per week building collegiality for themselves, through face-to-face visits, letters, phone calls, and e-mail with colleagues near and far.

Admittedly, the constant reaching out to new and old colleagues, for the purposes of collaboration and networking, will demand more energy if your personality leans more towards introversion than extroversion or you are a recent arrival to this country. But your extra effort will be worthwhile. It is a fact of life, in academia and elsewhere, that your contacts and connections will bring you invaluable inside information about opportunities opening up or new dangers to be skirted. Your allies will give you essential feedback about your ideas, writing, clinical or legal work, and teaching that you can incorporate into refinements and expansions. And if you're lucky, these allies will come to feel like a supportive community.

Avoid going it alone---don't burn bridges. Those who thrive usually keep in close touch with colleagues whom they met and worked with during their law, medical, business, or graduate school years. They ask these folks to react to and critique their latest research, client/patient approaches, and draft articles and to talk with them about teaching problems and successes. Those who thrive are not alone: they practice interdependence. Admittedly, those who thrive had a head start: usually during graduate or professional school they began building a strong and ever-growing professional support network. When they arrive at their new department with allies, mentors, and collaborators already "in their pockets" (I like to say), they enjoy personal power and professional standing. This power and standing make them more attractive, I am certain, in the eyes of their new colleagues. These two things also make them less vulnerable to being deeply hurt by the snub of a senior faculty member, by rejection of a technology-transfer proposal, or by other disappointing "critical incidents" (Boice) that happen to everyone at times. So get busy constructing a powerful and supportive network for yourself. It's never too soon or too late to start.

Sustaining collegiality through "I" messages. Besides being on guard against lasting "first impressions" (what some experts call "anchoring"), we must also be on guard against verbally over-reacting when co-workers, patients, clients, students, advisees, or supervisors say or do something that seems questionable. At times one may choose to focus quickly on the questionable behavior and at other times to probe more slowly and methodically.

But in either case, be careful and use "I" messages instead of "You" messages. Here are examples: "I'm uncomfortable when you call me sweetie"; "I feel puzzled by your behavior [or remark or silence] today when you ------." Avoid inflammatory messages such as "You are a jerk"; "You are always late"; "You have never liked and respected me"; "You are an obstructionist and a sexist." You messages are guaranteed to escalate the argument into a swearing contest where no one is listening and no one can learn anything (Tonn, Tannen). On the other hand, messages beginning with "I" which express the feeling of the speaker have a good chance of being heard and a good chance of giving the other person room to: apologize, clarify, backpedal, remedy the offense, turn red with embarrassment, acknowledge that a light bulb has gone on in their head, rephrase the comment, reconfigure the situation, or do something else.

In short, an "I" message will usually provide valuable lag time and psychological room for the two people to discuss and negotiate rather than to immediately start pounding on one another. Here's another useful line to use when someone has said or done something to you that is way out of line: "Wait a minute. [pause] Wait a minute. [pause] I hear you saying ------." Again, the strategy is to slow down the interaction and give the other person the chance to turn on their manners or their brain or perhaps both!

There are other ways, of course, to confront. Professor of Science at Roxbury Community College in Boston, Kyrsis Rodriguez felt culture shock when she moved from the University of Puerto Rico, where she received her bachelor's degree, to a university in the Midwest where she would earn a doctorate in botany. Rodriguez learned to deal humorously with the hurtful comments elicited by her cultural differentness in that context. "Where in the Pacific is Puerto Rico?" was answered by her this way: "Didn't you hear? We moved!" She muses that "Many people say offensive things out of ignorance. I use their comments as an opportunity to educate them while I stay calm and secure in knowing what I stand for. It works almost all the time" (personal conversation).

5. Balancing work and life outside work. New faculty almost always lament that their work lives "negatively spill over" into their personal lives, sometimes severely hurting both family life and social and recreational pastimes. Early-stage female and male faculty find that some of their advanced colleagues expect them to give precedence to their career clocks over their biological/family clocks. That is, postpone child-bearing and child-rearing until tenure or a strong track record is secured--or even give up the idea of having children altogether.

Many colleges, universities, and professional schools are actually family-hostile rather than family-friendly: they reinforce extraordinary work expectations ("to be regarded as a serious professional around here, you *must* work 15- hour days and every weekend"). They defend rigid tenure policies: "up *or* out, in six years is our rule." Fortunately, the Sloan Foundation and the National Science Foundation (especially through its ADVANCE program) are pressing schools to adopt pro-parenting measures that are used in large and small corporations and consistently shown to enhance employee productivity and loyalty. For example, on-site child-care centers are still the exception rather than the rule in academe. Recently Stanford University has taken the lead on building such facilities on its campus. There are a number of other changes--such as generous family leave; automatic slowing down of the tenure clock for parents with newborns--that would make academia far less stressful. Academic employees should lobby for these. (*Mothers on the Fast Track*, by Mason and Ekman, is highly recommended for all readers.)

What You Can Do

Make it a habit to ask admirable people how they are managing to balance their public and private worlds. Professor of Chemical Engineering Gilda Barabino, at Georgia Tech, recalls that she had to learn "the hard way" to structure and guarantee herself quality time with her family. "I now make sure my husband and son are always on my calendar. For example, we often eat dinner together, and we exercise and read together. It's wonderful" (personal conversation). (Barabino, by the way, is an extraordinary mentor.)

Agreeing with Barabino, Professor of Biological Sciences and Associate Graduate Dean Harold Bibb (University of Rhode Island) has this pointer for balancing career and family: "I find that sharing information about my family and personal interests with my professional colleagues is wise. So, too, is being sure my family has an appreciation for my professional commitments. Such a flow of information leads to an understanding by all that there are times when one set of demands must take precedence over others. The result is far less tension, and I am able to enjoy the various parts of my life" (personal conversation).

What are other self-help tips you can try? Dividing your day into segments and doing trivial but necessary tasks when you're tired are strategies that work for Carol Espy-Wilson, Associate Professor of Electrical Engineering at the University of Maryland. She and her spouse and three children divide up household chores so they can then spend quality time together and enjoy their church activities. "Getting yourself on a regimen," Espy-Wilson says, "may help you manage career and family without shortchanging either one" (personal conversation). Professor of Education Aretha Pigford at the University of South Carolina concurs: "I do not desire a one-dimensional existence for myself. Spending time with my family, working in my church and community, and occasionally even going fishing enable me to maintain the balance I crave. If you don't need such balance, fine. If you do need it, find it without feeling guilty or making apologies" (Pigford, personal conversation).

To summarize, early-stage faculty sometimes feel as if they are inside a pressure cooker. Such a situation can obviously weaken their morale and health. What intensifies the stress are senior faculty who do not demystify the tenure review and job review processes and do not give essential feedback, in the form of annual job-performance reviews, informal coaching, and more formal mentoring. Even if you as an early-stage member feel overwhelmed at the prospect of coming up for a tenure decision or an important job-performance review, do your best to breathe deeply, calm yourself, and keep control of your professional and personal life. Boice would advise you to resist, above all, the temptation to slip into perfectionism and frenetic workaholism. Instead, get yourself on a workweek regimen where you spend roughly equal time on the major functions you are responsible for. And of course protect and tend lovingly to your personal life which can sustain you in good and bad times.

SPECIAL STRESSORS OFTEN FACED BY NON-MAJORITY FACULTY

The five stresses discussed above are typically experienced to some degree by all early-stagers. But if you are a non-majority person such as a white woman or person of color taking on your first professional position in a predominantly majority setting, then you may have to cope with one or more of the following stressors. These stressors have been termed cultural, racial, gender, or class "taxes" that are exacted from non-traditional faculty.

1. Chilly climate. While anyone might feel frustrated and slighted when there is no welcome wagon to ease adjustment to one's new department, non-majority new faculty may feel these even more intensely. Why? Some white, male majority faculty may feel very uncomfortable and standoffish at first with colleagues who are different from them; these senior males are accustomed to being surrounded by white "sons" (Sandler; Gaertner & Dovidio).

Some seniors may even feel and express hostility because their old male order is losing ground (as a result, they believe, of affirmative action, political correctness, bizarre actions by the dean, or other reasons). Another stressor is probably in store for non-majorities: they will probably find precious few if any senior non-majority faculty in the department or elsewhere on campus to cultivate as stalwart mentors. Or if the early-stagers do indeed locate prospective non-majority mentors, they may find these people, for their own understandable reasons, are unwilling to be recruited as allies.

Negative Bias Regarding Gender or Group

Positive bias (such as the belief that European-American and Asian-American males are innately disposed to do well in math and science) is alive and well. So too is negative bias, such as the belief that women and domestic, non-immigrant minorities are perhaps innately handicapped in math and science. Being the object of negative bias can be demoralizing--see Dr. Frances Conley's book *Walking Out on the Boys* [in the surgery department] and the report *Beyond Bias*. Attempting to thwart the bias in various ways can, of course, demand a costly expense of energy (Stanley). A few years ago, former Harvard President Larry Summer suggested, in a cavalier and off-handed way, that women do not rise to top posts in science fields because they are perhaps *by nature* inferior and limited.

After reflecting on these remarks as well as on the uproar from many Harvard faculty, Summers a few weeks later retracted his statement: "I think it was, in retrospect, an act of spectacular imprudence." He says he deeply regrets if girls and women have been discouraged by his off-the-cuff remark (quoted in Leonhardt, p. 25). Other such negative and positive biases--based on group membership, regional upbringing, accent, national origin, or age, for example--thread in and out of academic thinking and evaluation, as dozens of studies have demonstrated. For those enjoying positive bias, there are hidden profits. For those saddled with negative bias, there are hidden penalties. See the website www.implicit.harvard.edu for a summary of three senior researchers' study of widespread and unintended implicit bias (the researchers are located at Harvard and the Universities of Virginia and Washington; researchers in a number of other countries are extending the project's scope).

The Solo Effect
Non-majority faculty in majority settings often report another distressing phenomenon: they are treated at times as invisible and at other times as super-visible if they are the only one or one of only a few in a "skewed-ratio" organization (Kanter; Feugen). Here is one example of what a solo has to face: "The paradox of 'underattention' versus 'overattention' experienced by women in general is often exacerbated in the case of Hispanic women," according to Professor Sarah Nieves-Squires. "On the one hand, a Hispanic's comments in classrooms or at staff and faculty meetings may be ignored; on the other, she constantly may be called upon to present the 'minority view,' or the 'Hispanic woman's view' rather than her own views."

Besides heightened visibility at times and then invisibility at *other* times, those who find themselves in solo situations will usually experience additional paradoxes and disconnects. These include: artificial contrast because the dominant men tend to exaggerate the differences between themselves and the tokens; social and collegial isolation because the solos are treated as outsiders who seemingly share no elements of commonality with the others; disrupted collegiality because some in the dominant group feel discomfort or wariness around the solos; stereotyping because the solos are often seen as representatives or their marginal group or category rather than as complex individuals; and performance pressures leading to the solos' feeling that they must work twice as hard for half the recognition (Kanter, Yoder, Thompson and Sekaquaptewa, Moody's booklet on *Solo Faculty*).

Coping as a Solo
What can a solo do? Mt. Holyoke Professor of Chemistry Sheila E. Browne (often a solo in certain chemistry circles) believes such a novel individual must be mindful of the social dynamic at work and realize that he or she may witness overreactions from some members of the majority group. Even more importantly, Browne believes senior faculty like herself must **discuss the solo effect** during faculty meetings and help colleagues check and temper the overreactions they may be tempted to make about the newcomer (personal conversation). I agree.

In my *Solo Faculty* booklet, I outline what steps should be taken by department chairs, deans, mentors, and senior colleagues to reduce the confusion and stressors that usually affect solos. Further, solos themselves must become experts at understanding organizational dynamics and disconnects that are associated with the solo phenomenon. They must also become experts at warding off the tendency to blame themselves (illustration: "I must be inadequate and somehow, some way triggering this awful behavior"). Finally, solos must make extra efforts to build alliances among their colleagues. Isolation must be resisted!

At times, women and minorities will be treated as solos and exotic aliens by the *outside community* where they and their families live. It is not unusual for such faculty to relocate their residences: "I moved to a suburb 40 miles away from campus that is more diverse in terms of race and ethnicity, class, and age. I have developed a diverse group of friends and acquaintances, and I engage in a variety of activities that allow me to honor and nurture many facets of my multicultural and bi-racial identity" (Allen, p. 203). For those who decide to live relatively far from campus, I have this caveat: make special efforts to remain as a faculty attendee and participant in student and campus-community events. It would be wise to make an agreement with you chairs and deans that guarantees how many such events you will attend in a semester. Such an agreement reduces misunderstandings and frustration. This is an important precaution.

2. Excessive committee assignments. Women and minorities—especially when they are one of a few--will receive over-attention because the dean or another senior power-holder frequently wants them to serve as the "diversity" member on several campus-wide or departmental committees. This committee overload can seriously cut into the faculty's workweek, hamper their performance on several fronts, and throw them off balance. What to do? Seek the protection of your department chair. Also learn to say "no" pleasantly but very firmly to this dangerous overload (for instance, "I am honored that you have nominated me to serve on the Medical Resources Checklist Committee and appreciate your confidence in me. But I must decline because I am already on Committee Y and am committed to finishing Whatever Project in the next year").

3. Excessive student demands. Women and minority professionals may find that their intellectual authority is often questioned by majority students, patients, or clients. This questioning can result in lower-than deserved student evaluations of their teaching or surprisingly low client confidence in their medical or legal effectiveness (see Harlow, *Race Doesn't Matter, but…*:The Effect of Race on Professors' Experiences and Emotion Management in the Undergraduate College Classroom"; Nunez-Smith et al, "The Impact of Race on the Professional Lives of Physicians of African Descent"). In addition, minorities and women--especially in solo situations) may notice that they are doing more advising of students than their colleagues, perhaps because there is sometimes an unspoken protocol of the department that assumes all non-majority students should be sent to them.

Frequently, of their own volition, a wide variety of students may gravitate to non-traditional faculty,

probably assuming they will be more sympathetic to student problems. Unwittingly, then, as well as very rapidly, needy students can overwhelm non-majority faculty. To prevent incurring this risk and stress to both your career and psyche, appeal to your department chair for help and, secondly, say "no" pleasantly, firmly, and briefly explain your reasons. Hold your ground.

4. Acute sting of negative incidents. Because non-majority faculty are often isolated and overtaxed (due to their gender, race/ethnicity, class, cultural background, and/or solo situation), they may feel intensely the offense of a senior lawyer's negative remark about their legal argument; a junior colleague's lack of response to an overture of friendship; a student's barbed comment on a course evaluation. My observation is this: such negative moments hurt everyone but probably hurt more acutely a person who is already overstressed and overtaxed. If that person has a support system at hand or on the Internet, then the "critical incident" (Boice) can be discussed with allies, mentors, and peers and put in perspective. But if there is no ready-made support system at hand for emotional ventilation, then the hurt, in my experience, can dig deeper and deeper into the psyche.

5. Internalizing failure. Several studies have suggested that women students and professionals tend to internalize failure. When they do badly, many of them think: "It's my fault because I'm not intelligent enough." On the other hand, women often externalize success: "I got lucky and really don't deserve this surgery award and the standing ovation." Males often do the reverse (Ginorio, "Academic Science"). Is this because women are taught by society that they are inferior to men? Whatever the reason, non-traditional faculty members should listen carefully to their own self-talk to see how they typically interpret their failure and success. A realignment may be necessary. A sage once said: "Failures should be regarded as opportunities for growth and nothing more."

6. Undervaluing of scholarship on minority issues. Some senior faculty in medical, business, and law schools and in historically majority departments at universities and colleges (particularly in humanities and social sciences) will exhibit intellectual resistance to and *undervaluing* of scholarly attention to minority issues. At times, too, some of them will devalue studies undertaken by minorities and women on subjects pertaining to minorities and women. This can be termed a "taboo against 'brown-on-brown' research" (Johnsrud, 9). American Indian scholars still find that some journal editors suspect the integrity of their work and believe it "impossible" for Indians to do objective research on their own people (Stein). University presses are still "lily white" in their editorial ranks and in what they publish and promote (Shin).

It is thus incumbent on provosts, deans, chairs, and faculty leaders to help stretch narrow definitions of scholarship. Intellectual richness results from different scholars' and practitioners' voices, subject matter, research, and problem-solving innovations.

In my consulting work with professional schools and campuses, I often recommend that junior faculty be given small grants for the purpose of helping to stretch these definitions of scholarly legitimacy. With the grants, they invite in senior experts to speak about the unconventional subject matter or methodologies that the junior person himself/herself is pursuing. Smith College, Kansas State University, and others have employed this validating practice.

7. Being undervalued as an affirmative-action hire. Non-majority colleagues will often have to deal with yet another complex and demoralizing social dynamic: some members of the traditional group may belittle them, implicitly or explicitly, as political additions who were hired for what they represent rather than for their abilities and credentials. Or some in the dominant group will grouch: "You only got that grant from NIH because you're a woman." An old-guard scholarly circle or society may be unwilling to allow into its membership a patently competent non-majority person. Why? The old guard's stereotypical mind-set tells them that the mere presence of this person in their circle or department will "corrupt" their own professional work and fraternity. Such petty, anti-intellectual elitism, according to Smith, Boice, and many others, is rampant in academia.

Those who are the object of such belittlement should check periodically to make sure they themselves are *not* internalizing such nonsense. Examine your self-talk and eradicate vestiges of internalized under-valuing. Remind yourself again and again that you have a right to be in academe, law, medicine, architecture, business, and so on. Remind yourself that you have probably had to work harder *and*

smarter and thread through labyrinthine social and cultural situations in order to get as far as you have. Remember that those with unearned privilege who have succeeded usually feel *very* proud—*even though* they have been pampered with an abundance of social capital and "cumulative" cultural advantages including, for example, superior and prestigious schooling; expectations that they will succeed because they are part of the dominant group; benefits of the doubt when they slip up (McIntosh).

In short, give yourself credit for the cumulative disadvantages you have probably had to deal with and for the social capital and the alliances with others that you have had to build *on your own*. Take pride in your accomplishments to date and in the unique talents you bring to your profession.

HOW TO MANAGE THESE SPECIAL STRESSORS? A RECAP

The special burdens and taxes imposed on you non-majority faculty will necessitate your expending extra psychic energy. It would be unfair for me and your mentors not to disclose this. But there are proven and methodical ways to cope while keeping your sanity and enjoyment of your profession. Here's a recap.

Remember to keep strong the support system that you perhaps began building in graduate, medical, business, or law school. But at the same time, reach out again and again to colleagues in your new setting, because sooner or later you will succeed at cultivating new allies. Ventilate your hurt and confusions to your mentors and friends, and laugh away the hurt and bewilderment that you may feel at times. It's important to laugh a lot, no matter what evokes it. "Laughing keeps you sane. If you don't have people around you who make you laugh, get some new people!" This wise-owl quip comes from Management Professor Tonn at the University of Massachusetts in Boston (personal conversation).

Don't be shy about bringing to the attention of your department chair or mentor any excessive student demands or committee assignments you are facing. To guarantee yourself professional support and stimulation, get into a career-advancement discussion group or a writing group. If this proves too difficult to find or organize, then ask a faculty development program officer or the director of the teaching and learning center to help start one.

Remember to protect the most sacred parts of yourself. While you're learning to be competent and pro-active, you must be sure to protect the most central parts of your self. Cherokee leader and former college professor Eric Jolly explains: "I really think it's important for people to stay in close contact with that part of their history that gives them their passion. **By history I mean their life path, their family, their religion, their culture**" (personal conversation with Jolly, current director of the Science Museum of Minnesota). Stay in close contact with whatever brings you joy, whether it's community service, art work, surfing, basketball, yoga, stamp-collecting, doing zany comic riffs (my favorite), pole-vaulting, fishing, or bowling.

Keep positive and constructive the self-talk you do with yourself inside your own head. Keeping faith with yourself and giving yourself credit for the trail-blazing you are doing—these are key. Here is one compelling example. Professor of Anesthesiology Vivian Porche, M.D. recalls that during her medical career, she has endured instances of verbal abuse and bias (including the use of the "n" word) directed toward her African-American ancestry. "But I knew that whatever he [a taunter] or anyone else said to me was not going to deter me; I knew I was put in this place by a higher power" (quoted in Travis, p. 129). Dr. Porche further explains: "When I fall, I pick myself up and dust myself off, for as Maya Angelou [the poet] says, *I am the dream and the hope of the slave. I rise, I rise, I rise* (p.130). In short, remind yourself that your line of work can be splendidly rewarding and that your clients, patients, and students need you. If you don't feel entitled to be in your profession, then work on cultivating this feeling. You belong there.

Fight against isolation and succumbing to nonstop hard work. To succeed and to keep enjoyment in what you're doing, pro-actively network with others and learn how to be interdependent rather than solo and independent. Boice says again and again that majority and especially minority faculty thrive early in their careers if they have strong social networks, mentoring, and collaborative projects underway with colleagues near or far. The same point is particularly valid for women scientists: "those women who had networks, peer groups, or mentors were more likely to persevere than those women who were isolated" (Ginoria, "Academic Science"; also Rosser).

Without social, intellectual, and psychological support, early-stagers can fall prey to anxiety and workaholism, and lose verve and enthusiasm for their profession. Several researchers have documented that in the past a tragically large proportion of white women and faculty of color have left the professoriate even by their second or third semesters—because they feel disgusted with the chilly climate they feel, with the overwhelming amount of work they feel they must do, and with the stress-related health problems they have developed.

This is a great personal and professional loss for them: they have abundant gifts and have worked hard and sacrificed. As professionals, they probably have found mind-stretching and enthralling work. Being a professor, for instance, has clear benefits: "Academia is a route to social and political power; it brings automatic prestige, access to the media, access to political structures, and access to promising young minds who will shape society's future" (Bronstein et al, 28). Professional schools and colleges and universities acutely need competent and diverse faculty members and the contributions they make to communities and the common good.

In fact, the Dean of the Law School at the University of California-Davis, Kevin Johnson, persuasively argues that law schools should be ranked according to how much faculty diversity they actually possess. Having a critical mass of women and minority faculty is essential; critical mass (as opposed to tokenism) improves the quality of both legal education and legal scholarship (Amar and Johnson; Johnson is also a professor of Chicano/a Studies).

Conclusion
Two retention strategies have been recommended in this paper. First, candidly clue in all early-stage faculty to the predictable stressors they will face and give them strategies for dealing with these. Make sure that non-majorities understand the extra stressors and challenges they may encounter and give them additional strategies for coping.

Second, clue in department chairs, deans, mentors, and senior colleagues to what *they* must do differently—to improve working conditions and to help early-stage faculty come to feel that they are appreciated and that they belong. Steps for senior administrators, faculty, and campus presidents will be elaborated on in the last paper in this booklet.

An Action List for Department Chairs, Senior Faculty, Deans, Mentors, Provosts, and Campus Presidents

Demands and Stresses

Early-stage faculty—whether in clinical, tenure-track, adjunct, research, visiting, faculty/physician, or other categories-- are often overwhelmed with the roles they must fulfill. Struggling to balance the professional and the personal, they report much negative spillover of their work into their private lives, including family and recreational activities. Usually from senior colleagues and their department, they receive inadequate feedback and coaching about their job performance and about standards by which they are being measured. Perhaps as one result they work more frenetically. Mentoring from senior colleagues turns out to be a sometime thing. The departmental climate is often a disappointment: collegiality is the exception; many seniors seem ensconced in their private silos (yes, a far cry from ivory towers). Cathy Trower and her Harvard team have interviewed and surveyed hundreds of early-stage faculty at professional schools, colleges, and universities--as part of the national project, Collaborative on Academic Careers in Higher Education. Trower's findings (see her website) reinforce the points made above.

Extra Demands and Stresses

For non-majority faculty (such as white women and persons of color who find themselves as the only one or one of a few, in skewed-ratio departments), these stressors may be compounded. In predominantly majority departments and on predominantly majority campuses, they may find that some of their senior colleagues are unwelcoming and uncomfortable around them. If they are only one or one of a small handful of non-majority members, then they will probably have to deal with the stressors of being a "solo" and pioneer (see my second paper in this booklet on "Job Stressors"). Often viewed as outsiders, they usually receive far less mentoring and inside information on how to adjust and succeed than do hires regarded as insiders (see Gainen and Boice; Turner and Myers; Smith). On their new campuses, the early-stagers may lament the absence of non-majority faculty with similar backgrounds whom they might turn to for advice and validation.

In addition, those in solo situations often face excessive committee service. Why? Presidents, trustees, provosts, deans, and chairs often believe they will bring essential "diversity" to various committees. Likewise, excessive student demands may occur when the department chair or many students expect the solo to eagerly advise all women and minority students and perhaps a goodly proportion of all others (because of their "diversity" or the assumption, I suppose, that they possess heightened empathy). These extra stressors together with sometimes acute social isolation on campus produce psychological vulnerability. Understandably, solos can feel intensely the sting of negative incidents and slights. If they are viewed primarily or solely as affirmative-action hires, then their qualifications will likely be discounted by some. If they are undertaking scholarship on non-canonical subjects, then their intellectual rigor will likely be questioned by some.

For these reasons, it is necessary that power-holders take pro-active steps to reduce the unreasonable demands and stressors of both majority and non-majority colleagues. Not making the investment of time and resources will be short-sighted. The goal is to improve the retention and job performance of all early-stage faculty. Below are programs and steps that should be put in place by various power-holders.

1. Orientation and community-building sessions for new hires. These sessions should begin prior to newcomers' first semester and occur *every two months thereafter*, throughout the first academic year. What will not suffice: a two-hour, rapid-fire review of the school's parking areas and payroll protocols by a bored personnel officer! Instead, orientations should discuss: valuable resources, including the learning and teaching center, library, computer center, Internet connection, grants office that assists with proposal-writing and grants administration, family-friendly policies of the school; also issues related to teaching, patient care, client services, fund-raising, parent leave for employees, and the like; and also tricks of the trade for time-management and stress-reduction. Don't forget to help newcomers meet their peers from across the campus: these novices can be valuable supports and confidantes to one another, for the short and long run. At a small school with only a few new hires, perhaps introduce your faculty to other newcomers at nearby campuses.

Over two decades, Robert Boice, an exceptional expert on faculty-development initiatives, has developed an *ideal year-long orientation program*. The first session for new hires, held prior to their first semester, comprises these components and caveats. Hold the orientation to less than one day and keep it relaxed and collegial. Include only a few administrators, who are each confined to 10-minute comments after lunch. Organize small clusters of new faculty who have kindred interests and concerns. Each cluster should have a "guide"— an exemplary early-stager in their second or third year who acts as a peer mentor, answers specific questions, and leads discussion in each cluster.

After lunch, offer three mini-workshops of 12 minutes each (on Teaching; Obtaining In-House Grants; Being a Productive Scholarly Writer; and several more) that preview a number of *in-depth workshops to be offered during the first and second semesters*. The special "guides" come to the orientation prepared to facilitate the interaction of their cluster of three to five newcomers, to introduce members of their cluster to all other clusters at lunch and during the day, and to follow up with occasional phone calls to their cluster members after the orientation. These guides say they enjoy: being selected as "quick starters," reflecting on their experiences and sharing them, meeting new colleagues and potential collaborators, and even sitting through the mini-workshops for a second time.

At North Carolina State University, an exemplary four-day orientation workshop for all new faculty is held every August by the College of Engineering.

Since 2000, NCSU Professor Emeritus of Chemical Engineering Richard Felder and several colleagues have used a highly interactive, active-learning, "mini-clinic" approach to help newcomers become "quick starters" (Boice's term), both as time-efficient teachers and researchers. The organizers aim to help participants "meet or exceed the College' expectations for research productivity and teaching effectiveness in their first 1-2 years instead of the usual 4-5." Due to the success and annual offering of this orientation, NCSU search committees in engineering understandably decided to use this orientation as a recruiting tool: they give details to all prospective job candidates about the substantial investment that will be made to promote their success and satisfaction. The orientation, in fact, has been a deal-*maker* for several job finalists (Brent, Felder, and Rajala).

2. A collegial departmental or lab culture---what chairs and senior colleagues should do. Enlightened department chairs and lab directors can and must set a tone of collegiality and a collaborative striving for excellence within their domains. Quality control requires that these power-holders intervene, subtly or frontally, when antagonism and psycho-dramas begin to take shape among their departmental or center/institute members. It is predictable that early-stage colleagues will be most hurt by this psychological warfare. It is unacceptable for chairs and directors to simply ignore hostilities and aberrations, with the hope that they will resolve themselves or that no one will be damaged. In my consulting work, I find that chairs are relieved to participate in leadership-development sessions and retreats where they become equipped: to handle difficult people and antagonistic dynamics; to foster collaborative and collegial behavior; and to reduce stressors for those who find themselves in pioneer and other draining situations.

Here are details about one constructive departmental culture. Professor of Lymphoma at the M.D. Anderson Cancer Center in Texas, Alma Rodriguez M.D. recalls how fortunate she has been: "The culture of the Lymphoma section when I joined it was one of collegial and respectful behavior, and I never felt left out or had my opinions disregarded in discussion or planning." She has enjoyed collaborating with several of her co-workers: "together we've done creative and productive work" (quoted in Travis, p. 147). It is worth noting that as a child, Professor Rodriguez travelled with and helped her parents, who were migrant workers living on the edge of poverty. Because several faculty at a small college in San Antonio reached out to her, she pursued higher learning and found her life's calling.

While I maintain that chairs and directors are absolutely central to maintaining a productive and collegial atmosphere (also see Fried, ADVANCE), senior colleagues also play invaluable roles. They should be exceedingly and repeatedly friendly to early-stagers (especially to non-majorities and new immigrants) and make sure they feel welcomed and valued. If chairs or senior faculty, for whatever reasons, feel awkard or socially flat-footed around co-workers whose gender, race/ethnicity, social class, or other background is different from their own (Gaerthner and Dovidio), then they should enroll in communication-skills workshops that contain multi-cultural content. The point is to build one's multi-cultural confidence and competence.

Seniors should informally introduce juniors to other colleagues as well as to information and Internet networks of value to them. Advanced professors can co-teach and collaborate with early-stagers and/or review their scholarship, research, writing, clinic work, or teaching and make light-handed suggestions. They can appreciate and learn from less advanced colleagues' unique abilities and approaches. They can "take serious interest in the conditions of employment" of the juniors (Jarvis, 41). In short, they can be magnanimous associates and, hopefully, mentors. Just as there are productive ways in business organizations to be "one-minute" managers who quickly dispense valuable praise and guidance, there are ways to be one-minute mentors. Try this: first remember how you yourself in your recent or hoary past have been affected by a positive remark or suggestion, made in passing by a senior person. Now cultivate "mindfulness" of such one-minute mentoring so that you are ready, in passing, to give similar quick encouragement and pointers to early-stage colleagues at opportune times.

Here is an example of a senior faculty member reaching out. Professor Ronald Wakimoto, in the School of Forestry at the University of Montana, typically asks newcomers in his department to give him very brief advice regarding a troublesome part of a manuscript he is working on or regarding a teaching or mentoring problem he has encountered. (He deliberately asks the new hires for guidance where they are strong.) By helping the senior professor and knowing that he will return the favor when they have a writing or teaching problem, the newcomers become connected and have the opportunity to participate, if they wish, in reciprocal and constructive relationship. This has proven to be an effective way to begin valuing and appreciating newcomers' unique abilities, approaches, and competencies. (Professor Wakimoto, personal conversation).

To summarize, a law school dean makes it a habit to remind his faculty, from time to time, of the following professional behaviors: Focus on self-improvement but also see your own work as intimately connected to your colleagues. Collaborate with them. Don't hold grudges and waste precious energy in personal or factional battles. Appreciate colleagues' diverse approaches and viewpoints. Realize that a collegial departmental culture promotes overall productivity and reduces stress (Matasar). These reminders should find a place in the repertoire of campus presidents, provosts, deans, chairs, and their staffs. Isn't repetition a virtue?

3. Department chairs and program directors should serve as faculty developers. Seldom do department chairs and directors receive coaching on how to efficiently and effectively see to the career-development of early-stage colleagues. Nor do these administrators on a routine basis have the opportunity to do problem-solving with other chairs and learn from these peers. I call on provosts, deans, and campus presidents to remedy such gaps. The following are the tasks that a chair, once coached, should be fulfilling.

Supply new hires with a warm welcome and with essential information about departmental operations months before their arrival on campus. The department chair (aided by other faculty and the unit's secretary) should also provide details about each newcomer's course load, typical number of office hours for a departmental member, anticipated class size, academic level and probable preparation of students, and student demographics.

Double-check to see if equipment and space are ready for the newcomer's arrival. Several weeks prior to the new faculty member's arrival, find out if their office space, computer, lab, and other equipment have been installed and are ready. Make sure that all promises made to the new hire during the earlier hiring process are kept. If any of the equipment or support promised fails to materialize or is being delayed, then the chair or a designated senior faculty member should *immediately* and apologetically inform the newcomer prior to his or her arrival. What should be avoided is a lapse that might be construed as an insulting slight by the newcomer, whether s/he is international or domestic.

Prepare members of the department for each new hire's arrival. Prior to every new faculty member's arrival, the department as a whole should meet with the dean to decide specifically how the newcomer will be welcomed, professionally supported, introduced to networks and key players, and so on. The dean and chair should remind colleagues that merely being friendly and smiling in the hallway are not enough. How to recognize and rise above unintended gender bias and group bias should be discussed, together with ways to reduce complex dynamics for those in solo situations. As several experts have explained, we can have racism and sexism still permeating our institutions even though there are no longer any outrageous racists and sexists in our midst. Unintended negative and positive biases and aversive behavior towards those viewed as outsiders—these can be unwittingly and subtly expressed. Fortunately, such dysfunctional, non-collegial behavior can be overcome through concentration, reminders, priming, and practice.

Assign short-term (one-semester) allies to new hires. The chair could ask appropriate senior faculty to make a point of offering specific help along these lines: "Do you know much about how the grant process works? I'd be glad to discuss this over lunch. I myself used to be overwhelmed by it." Or "I taught that epidemiology course last year. Would you like to discuss it? I can dig up my old notes and exams. Feel free to ignore them if they don't help."

Disarm those who may be opposed to the new hire. "Very few faculty appointment decisions are unanimous," observes University of Washington Physics Professor Marjorie Olmstead. "Don't assume that the opposition will evaporate overnight." Take pro-active steps to turn around those likely to undermine the new hire or at least work to neutralize their power (personal conversation with Olmstead).

Introduce and warmly promote the new faculty member to students (at the very beginning of the

semester). To heighten the newcomer's sense of belonging, the chair or a designated senior faculty member should visit each newcomer's classes on the first day of the semester, to briefly and enthusiastically explain to students why the department is so pleased about its new addition. This courtesy visit will also help students better appreciate the authority of each new faculty member, especially those whose intellectual abilities may be doubted by students not accustomed to having a woman instructor or a non-immigrant U.S. minority instructor (Stanley, Blauner). In addition, the chair should underscore to the dean and faculty colleagues how valuable the newcomer is to the department. But my caveat is this: perform these courtesies for *all* newcomers; start a new department-friendly tradition for everyone.

Throughout the year, act as a "broker" and help early-stagers make substantive scholarly connections within and outside the department. Merely making casual introductions is not enough.

Protect junior faculty---in particular minorities and women---from excessive teaching, advising, and service assignments.

Every semester or every year, do a job-performance review of early-stage colleagues and provide constructive feedback to them. Ensure that a series of professional-development workshops are being offered every year for them (more details below).

4. Insure actual mentoring and formal mentor programs. Power-holders invariably over-estimate the amount and quality of mentoring (both formal and informal) that early-stage colleagues are actually receiving in their schools and units. Such wishful thinking has been repeatedly underscored by Trower's national studies.

I recommend that departments and schools construct formal mentoring programs and then have an appropriate person or team from the provost's or dean's office monitor the mentor-mentee relationships. Quality-control must be a concern.
In my booklet "Mentoring Early-Stage Faculty," I detail some of the essential components of mentoring programs.

For instance, deans, chairs, and provosts are indispensable to promoting pro-mentoring attitudes and pro-family behaviors. To do this, these power-holders must invest sufficient resources, staffing, and their own social capital, on behalf of mentoring as well as family-friendliness in departments.

In addition, executive coaching should be insured for every chair, dean, and provost so they are able to shore up formal mentoring programs built over time by their predecessors. Make sure current leaders have in their repertoire compelling words, metaphors, deeds, and testimonials that will spotlight effective mentoring.

Remind colleagues across the entire campus of how mentoring (both formal and informal) is aligned with the missions and core values of the department, division, and institution. As a safety valve, maintain an ombuds/conflict-resolution office on campus that is a safe, neutral, confidential place where complaints and disputes involving staff and faculty can be informally discussed.

Urge both mentors and mentees to participate in readiness workshops, whether they are entering into formal or informal relationships. It is important that the parties in each mentoring relationship share: common definitions; illustrations of good practices; caveats about dysfunctional behaviors; a grasp of the typical and sometimes atypical (extra) stressors and challenges faced by early-stage faculty and those who are new parents, in solo situations, and so on.

In fact, presidents, provosts, deans, and chairs *themselves* should participate in readiness workshops organized solely for them and other power-holders, so they can become knowledgeable and convincing advocates for mentoring. (In my mentoring booklet, I provide sample content and process for such workshops.)

Provosts, deans, and chairs should initiate discussion with colleagues and departments about how to guard against *unintended gender bias and group bias* which negatively affect the mentoring of some early-stagers as well as diminish their job success and satisfaction. Also recommended is discussion about the solo phenomenon and how to resolve complex dynamics facing faculty who are in this position.

Check periodically to see that there are no disparities and inequities in salaries and other resources related to gender and ethnic background at various faculty ranks. Johns Hopkins School of Medicine Dean Ed Miller admits that he has had to be vigilant: "In some departments we've had to do an acute fix" (quoted by Swingle).

Protect junior faculty---in particular minorities and women---from excessive teaching, advising, service, and clinical assignments. At the American Association of Law Schools website, several deans share various ways that they block overloads.

Make sure a series of professional development workshops are taking place every year for early-stage faculty (see below). Don't expect mentors alone to have all the answers and insights.

Provosts should seek evidence-based documentation (as opposed to broad assurances and lip-service) from chairs and deans in their annual job-performance reports: How are you specifically cultivating a mentoring climate and verifying effective and widespread mentoring?

Provosts' offices should be substantially involved in monitoring the existence and effectiveness of mentoring that is occurring in departments. Because mentoring is an investment that appreciably strengthens and enriches an institution, the highest academic officers—provosts—must become intensely interested in the enterprise. Further, consistency of mentoring should be the goal for all departments. It is unjust for provosts to look the other way and allow a few departments to do little or nothing. The early-stage faculty members in those do-nothing departments are put at a serious disadvantage. I argue that all departments, with the provost's oversight, can and must reach a minimum level of mentoring effectiveness.

5. Insure professional development sessions for tenure-track, adjunct, visiting, research, clinical, and other early-stage faculty. Provosts, deans, and chairs should insure that a series of eye-opening sessions are offered on a continuous, annual basis. Below are samples:

- ❖ Time- and Stress-Management
- ❖ Setting Up and Managing a Lab
- ❖ Balancing Work Life and Private Life
- ❖ Understanding the Standards Used During Reviews of Job Performance, Contract Renewal, Promotion, and Tenure
- ❖ Negotiating and Saying No
- ❖ Starting a Support Group for One's Self

- ❖ Options for Self-Promoting One's Work
- ❖ Making Use of Family-Friendly Policies
- ❖ My Strategies for Getting Tenure (a panel led by brand-new associate professors)
- ❖ Honing Writing Skills and Presentations
- ❖ Reducing Gender Bias and Group Bias
- ❖ Cultivating Mentors
- ❖ Constructing Successful Fund-Raising Proposals
- ❖ "What I Wish I Had Known as a New Professional" (a few seniors disclose how they at times muddled through their early careers. Their short stories, each twenty minutes or less, underscore the importance of resilience and can be memorable and at times downright hilarious, as Stanford Medical School's Faculty Fellows Program has found)
- ❖ Developing Your Communication and Problem-Solving Skills
- ❖ Dealing with Difficult People (Clients, Patients, Students, Advisees, and so on)
- ❖ Supervising Post-Docs, Graduate and Undergraduate Students, and Interns.

6. What can colleges, universities, and professional schools do to help early-stage faculty thrive? Given the time and money required for hiring new people, it seems very wasteful for schools to remain passive—while their early-stage faculty in various categories respond to the confusions and stressors of their jobs and end up sinking, treading water, struggling, or actually swimming on their own.

Most corporations cannot afford such a wasteful and passive approach. To heighten employee productivity and retention, many of them invest consistently in family-friendly and professional-development measures for their employees. **Examples include:** child-care, elder-respite, and after-school-for-older-kids centers at the place of employment; generous family leave; support groups on parenting, professional issues, etc.; consistent mentoring by "wise owls" in the organization; flex-time and compressed work weeks; leadership and multicultural training for managers, with evaluations of them partly based on their advancement of non-majority employees. Colleges, universities, and professional schools have

much to learn! (The website of Berkeley Law Professor Mary Ann Mason is a good place to start one's instruction.) What are the obvious improvements that schools should make?

- ❖ *Provide child-care facilities on-site.*
- ❖ *Provide more flex-time and release time for family leave*, and make sure there are no penalties for faculty who make use of such arrangements. (Slowing down the tenure clock for male and female faculty involved in child-rearing is desperately needed. Child-rearing—whether by two adults or by a single parent—can be enormously stressful if family and work/tenure schedules clash at every turn.)
- ❖ *Encourage and financially enable departments to hire several non-majority newcomers at the same time*—to prevent or at least reduce the stressors related to being in a solo situation.
- ❖ *Require special training for deans and department chairs* so they can become more effective developers of the talent possessed by their early-stage colleagues. Chairs and deans should also be coached so they are competent at reducing stressors that impinge on most junior faculty and additional ones that often impinge on minorities and women in skewed-ratio settings (see the two earlier papers in this booklet for details).
- ❖ *Consistently offer orientation sessions, mentoring match-ups, and professional-development programs*—which have demonstrated their value in helping various early-stagers adjust, thrive, and succeed.

Conclusion
While early-stage faculty must indeed undertake robust self-help actions, these are necessary but not sufficient. Provosts, presidents, deans, chairs, and other power-holders must pay greater attention to the conditions of employment for these members. They must make sure that early-stage colleagues benefit from: orientations and professional-development programs; formal, monitored mentoring by advanced colleagues; and pro-family workplace practices.

DISCUSSION SCENARIOS---PRACTICE EXERCISES FOR <u>ALL</u> READERS

The two scenarios below can be used to jumpstart reflection, analysis, and problem-solving by individual readers, by participants in writing and support circles, and by administrators–such as deans, chairs, and provosts—in their council meetings.

The exercises also will prove valuable when used in larger sessions organized by: faculty developers; directors of mentoring programs; coordinators of orientations for new hires; teaching and learning centers; sponsors of leadership-development sessions for new and established chairs, directors, deans, and emerging leaders; and finally, prime movers within advisory groups, trustee boards, presidents' and deans' executive committees, and diversity councils.

As you read each scenario below, mull over your responses to the following questions:

❖ What Good Practices (at the individual and organizational levels) do you see or can you infer?

❖ What Bad Practices and Dysfunctions do you see or infer?

❖ What Remedies would resolve or at least diminish the dysfunctions?

❖ What additional self-help strategies should be adopted by the early-stage faculty in the scenarios?

❖ How could the department chairs and the mentors mentioned in these scenarios be more effective, in their faculty retention efforts?

Scenario 1   A Conversation between Two Tenure-Track, Early-Stage Faculty Members

Margie, a third-year assistant professor in biochemistry at a small medical school in the Midwest, is talking with her friend Todd. He is a brand-new assistant professor in history at a nearby liberal arts campus. The two became friends when they were graduate students at a California private university. Both have European-American ancestry, and both grew up in the Northwest.

Margie: Hey, Todd. It's wonderful to see you. Don't we both miss the West Coast?

Todd: Oh yeah. Who knew it was going to snow *20 inches* here? Okay, okay, stop your laughing, my friend. I'm adjusting. I'm adjusting. Maybe someday I'll even enjoy the climate, *penguins* and all.

Margie: It won't get that cold, I promise. Listen, can I run a problem by you? You're nodding 'yes' so here goes. I'm facing some harassment in my big lecture class. There are four guys who delight in asking me questions like: 'Professor, professor. Isn't this theory outdated? I mean, in my prep school we learned that this is really passé.' Another one would chime in: 'Yeah, maybe your credentials need upgrading. Maybe you need to go back to grad school.'

Todd: Oh my gosh. I'd strangle those guys.

Margie: Well, my mentor says that women and certain minority instructors sometimes get this kind of hazing. Some students aren't accustomed to seeing them as experts in fields like physics or engineering or surgery or whatever. So they assume that we interlopers are *inferior* and not competent enough to be teaching them. They assume that European-American and Asian-American men are *terrific* and brilliant.

Todd: Thank goodness you have a mentor! A very savvy one, as I remember you saying.

Margie: Exactly. Well, I am so grateful that he didn't dismiss or discount my complaint. He didn't say 'oh, I'm sure that our darling students would never do anything deliberately hurtful. You're just too sensitive for your own good. Toughen up! From the get-go I *commanded* my students' respect, you know. Buck up.'

Todd: Yeah, you can imagine an insensitive or clueless mentor saying something just like that. Rubbing salt in the wound.

Margie: Exactly. Well, my mentor and I are brainstorming about the problem. I think I'll be asking each of the students to come talk to me in my office, so I can 'defang' them. But if you have other ideas, let me be the first to know.

Todd: I will. Listen, my wife endured some harassment in her first lab job. Let me ask her what strategies she used to get to a better place with her co-workers. I mean, she's happy now.

Margie: Great idea. Thanks so much. So now, my friend, how are you doing? I'm all ears.

Todd: Well, last week I attended one of the most helpful sessions I could ever imagine. Four newly minted associate professors in my department did a 'show and tell' discussion of how they got tenure, how they prepared their case, what pitfalls they tried to avoid, and on and on. I mean, I am wildly grateful to those panelists and to the dean who organized it.

Margie: Wow. I'm going to share that idea with my chair and my dean. I'd love to hear a similar discussion over in my shop.

Todd: Well, I would love to have more professional-development seminars like the ones your school sponsors all the time. The ones you mentioned in your email last week sounded great—you know—the ones on Time and Stress Management; Setting up a New Lab; Balancing Work and Private Life; Improving Your Grant Proposals; Forming Writing and Support Groups; Hiring and Supervising Graduate Students, Post-Docs, and Interns (I'm obviously reading from your email!) As you know, I have a splendid mentor (she was assigned to me) but *no way* would I dare ask her to share everything she knows about these topics. That would be way out of line. Besides, she's only *one* person so she can't have tricks-of-the-trade up her sleeve for all of these subjects.

Margie: I see what you mean. That would really be expecting too much from her. Say, why don't you show your department chair and your dean that list of seminars being sponsored over in my school? Medical schools, you know, are proud that they have so many professional-development sessions going on every year. Maybe your school will be royally embarrassed and move to start their own series.

Todd: Great idea! I'll do that. And is it okay if I share with them the handouts from the seminars that you faithfully send me? They're eye-opening and very handy to keep on file.

Margie: Of course. Listen, hmmm. I have sort of a personal—well, also a professional—concern to talk with you about, confidentially. Are you ready? Good. Well, here goes. My hubby Bill and I are eager to have a child. Thanks for your big smile. But I'm really hesitant to ask for a leave of absence next year, to care for the baby. I'm pretty sure that most of my colleagues—most of the males and maybe even one or two females—will conclude that I'm 'not serious' and maybe I'm a lightweight when it comes to research and teaching.

Todd: Well, that's just ridiculous. I mean, if a guy in your department had to have an operation or something and had to be out for a half year or a full year, then the chair and other senior folks would be solicitous. I bet they would. It's just that many parts of academe seem to me a bit family-hostile rather than family-friendly. Do you remember my long-time friend at Western Medical? Well, his first job in Maryland was hell because the medical school dean there disapproved of his insistence at leaving at 5pm every day, to be with his family. The hard-nosed dean put him on probation! Can you believe it? Well, as soon as he could, he moved to Western. I guess there were a few folks there who at first thought he was being a gold-bricker. But honestly, lots of people waste time being in their offices and labs all the time, but they do it because the 24/7 paradigm seems so mandatory. I mean, there are plenty of management studies showing that quality concentration is *far better* than long hours of looking busy but being unproductive. Anyway, my friend finally got tenure without compromising his family time.

Margie: Well, I'm glad you shared that story with me. I guess I feel that most of academe is still trapped in the patriarchal dark ages. Probably the older guys in control had wives who did the heavy-lifting around child care. The guys were then free to work night and day to build their reputations and careers. They had wives to remind them of *their own* children's names and habits and foibles. Sorry. I guess sarcasm got the best of me there.

Todd: Wait, doesn't your school have family-friendly policies on the books? I mean, don't they automatically provide maternity leave and guarantee that your courses will be covered in your absence? Doesn't your chair sort of 'prime' others in the department so they understand the official policies and they cooperate? I mean, aren't there safeguards to protect those who do take family leaves?

Margie: Yeah, well, several official pro-family policies are on the books. But the thing is: I hear some of the senior professors and administrators grouch that it's just not fair for new mothers and fathers to get a year's extension and a boost in the period before their tenure review. This is crazy to my ears. For sure, as a new mother, I will still have to keep my lab going. I will still have to supervise my post-docs. Admittedly, that will take 10-20 percent of my time. But I certainly won't be cranking out extra articles for publication while I'm changing diapers and being up all hours for feeding. Anyone with life-experience knows that a newborn requires nearly non-stop attention. It's wacky to suggest that I would be taking sly and unfair advantage of the leave policy.

Todd: Listen, why not talk to your mentor? The problem you're describing must have come up many times before. For sure, you don't want your colleagues to penalize you for taking maternity leave. On the other hand, if you don't take the time off, you could really miss out on important parenting and maybe even compromise your health while you keep on trucking with everything.

Margie: That's for sure! I have seen friends who didn't take any kind of maternity leave—they came close to total, I mean total, exhaustion. One of them, I'm sure, has seriously weakened her immunity system. Well, those women felt like their colleagues were expecting superwoman stamina. So they tried to do everything. And believe it or not, they were then discouraged from talking about the stress and overload they were under. Just be strong and silent like John Wayne! Really, this is a *crazy* situation. You're nodding in agreement, I see. What should I do? What are your ideas?

END

Scenario 2   Two Early-Stage Faculty Do Problem-Solving
Toby is a brand-new "term" hire in behavioral economics, on a teaching contract for two years at a large business school in the Northeast. Shenan is a third-year, tenure-track assistant professor in international relations at a nearby university. Toby and Shenan became friends when they both were earning their doctorates in the Southwest. Toby has African-American ancestry and grew up in Chicago. Shenan has European-American ancestry and was raised on a farm in Central Virginia.

Toby: Hey, Shenan, thanks for returning my phone call so quickly. And thanks for meeting me so quickly. I bet you can guess what's bothering me. Listen, I have *more* evidence that Professor Smiley in my department is trying to sabotage me. Yesterday he said, in a loud voice, to a woman colleague: 'Toby, you know, is our politically correct hire, but only for two years"—and then headed over to the coffee pot, smiling sweetly of course. The other colleague looked dumb-founded but she didn't say one word or disagree or anything.

Shenan: My gosh, that guy must have "a screw loose." What did *you* do?

Toby: Well, I was so stunned that I just wanted to disappear. At the same time, I got mad at myself for feeling so frozen and passive. And I got mad at my colleague for not challenging Smiley. I assume Smiley's wisecrack is about my being the only African American in the department. Do you think he's really serious about the "only for two years" part?

Shenan: Could be--sounds like the department chair is asleep at the wheel. He needs to know that Smiley is carrying a grudge or something. That Smiley sounds like a real dinosaur---an out-of-control dinosaur. He deserves to have a meteor hit him squarely on the head.

Toby: Hey, I like that scenario. But seriously, I'm at a loss about what to do. Should I ignore the guy and his wisecracks? Maybe I should go talk privately to my department chair or someone else? Maybe I should practice so that the next time Smiley says something stupid, I myself can say something that will *knock him to his knees* (or at least try to do that)? I just don't know. I tell you I'm losing sleep over this situation. Just my luck that Smiley will end up being on the committee that annually reviews my job performance. That committee decides whether my two-year contract will be renewed. Oh boy.

Shenan: Yeah, I understand why you would toss and turn. I've heard about other new hires getting tested and roasted, you might say, by one or another senior folks. Collegiality in academe---where did it go, you wonder. Recently I heard from a guy I know over in history. He's a brand-new hire and has been dealing with two disgruntled senior professors---I guess they remain unhappy because their favorite candidate wasn't hired. To retaliate, they figured they'd make life difficult for the new guy. Unbelievable. You know, I endured a situation somewhat similar to yours in my first year here. I don't think I ever told you. Well, here's the story. This senior guy in my department kept taking verbal shots at what he regarded as my unconventional research methodology. He'd say in front of others something along these lines: 'Now, Shenan, remind me again why your ethnographic approach produces reliable results. Don't we just have to accept your approach's validity *on faith*? Well, if that's the case, then I for one can't see that this is authentic scholarship you're doing. Maybe it belongs in the religion department! Have you thought of that?'

Toby: So, what did you do? Besides having steam come out your ears?

Shenan: Well, I had a terrific mentor---and still do. I talked to my mentor about this situation. He's not in my department, as you remember. Well, anyway, he and I brainstormed about all the ways that I might turn this bad-mouther around. Basically, I considered several options and then I decided to cultivate the guy, by reading some of his articles and getting very familiar with his work. I then could send him info or articles I came across that were related to his interests. I did the same for another person in my department whom I really admire.

Toby: And that worked? My gosh, that seems time-consuming but pretty simple to do.

Shenan: Well, it's funny. I *enjoyed* the process. And I reached the point where I could cordially show Mr. Bad-Mouther how in some ways his scholarship and mine were congruent. That built a bridge. And at some point, I invited this guy and my mentor to lunch. Well, my mentor light-handedly mentioned that my scholarship was receiving positive recognition in two national venues.

Toby: So the bad guy did an about-face? Or not? What happened?

Shenan: Let's just say that he's very friendly to me now. And recently, you know, he suggested that we two could maybe collaborate on a project at some point in the near future.

Toby: Whoa. That's terrific. Well, if I had a mentor, inside or outside my department, I would surely go talk to them. I'd see if the mentor and I could double-team the dinosaur---that's a good way to respond. You know, I really resent that my department doesn't have a well-organized mentoring program in place. You're very lucky over in your shop.

Shenan: You're right about that! There were some key things I wanted to know before I accepted the job offer from my department, like: *Do you guarantee effective mentoring for new faculty hires and early-stage faculty? Do you undertake quality-control monitoring of mentoring relationships? Can you give me details and also give me the opportunity to talk with some mentor-mentee pairs, especially women mentees?* You probably remember that I'm one of only three women in a large department so I knew I'd be placed in a sort of 'solo' situation.

Toby: You were so smart to try to make sure you would get excellent mentoring. I didn't have the sense to do that. And I forgot that I myself might have to deal with being a solo. Certainly my department chair or dean didn't give me any indication that they understood what a solo like myself might have to deal with.

Shenan: Listen, it wasn't my good sense that got me terrific mentoring. Oh no. Both my graduate studies dean and my post-doc supervisor made me promise that I'd insist on this, during job negotiations. Would I have known any of this on my own? Noooo way. I was lucky—very lucky--to have coaches. Listen, let's change the subject. Talk to me about *your* comfort and confidence in your classes. How are you taking to the water?

Toby: Well, I love being in the classroom. You know that. And the students are really impressive and responsive. Right now, I'm trying really hard to give the best lectures ever given by a mortal human being. That requires less sleep and more stress, I have to admit.

Shenan: Yikes. That's a typical trap for a first-year person. Becoming frenetic. Striving for perfection. Oh boy, that is a *trap.* Listen, I really want you to go over to your campus's teaching and learning center. Staff there will have some strategies for saving time and reducing stress.

Toby: Well, to tell you the truth, I hesitate to do that. I thought only part-time adjunct faculty made use of the center's services. You know, I'm a full-timer and should really *know* what I'm doing. That's the way I figure it.

Shenan: Hmmm. Well, the center staff have plenty of expertise and they've dealt with hundreds of new and old instructors. So why not consult with them? And pronto! And listen, maybe get into a support group for new hires. Didn't you say someone in the business school approached you at orientation about joining a group?

Toby: Yeah, that was very friendly and all very nice but I said 'thanks, but no thanks.' You know, I don't have the time for that kind of socializing stuff.

Shenan: My friend, I think you should *make* time. You *need* some support and laughter and peer mentoring. You know, in my second year I had to form a support and writing group for myself. I was scared it was going to be time-consuming but it wasn't. Turned out it was a smart thing to do. *You* are very lucky because there's already an active one over in your school. So, go for it. That's my advice. Become a groupie! You can do it!

Toby: Okay. Okay. I guess I will. To tell you the truth, I am eager to hear about the problems that other new folks are wrestling with. That's morbid, isn't it? Surely, all this fun can't be just for me! And, to tell you the truth, having a group would save me some time in trying to cultivate new friends and associates. Doing that one by one is a bit tedious.

Shenan: Exactly. Exactly. Good luck.

Toby: Listen, you just mentioned 'mentoring.' I think I need one! How can I manage that?

Shenan: Believe it or not, I have some suggestions. Let's each grab another cup of coffee, and then we'll talk some more. *END*

BIBLIOGRAPHY

ADVANCE (Institutional Transformation) Program, funded by the National Science Foundation, is dedicated to advancing women in academic science and engineering. For details about each campus recipient's mentoring programs, leadership-development series, and so on, go to www.portal.advance.vt.edu.

Allen, B. (2000). "Learning the Ropes": A Black Feminist Standpoint Analysis. In *Rethinking Organizational and Managerial Communication From Feminist Perspectives*, ed. P. Buzzanell. Thousand Oaks, CA: Sage.

Amar, V. and Johnson, K. (2010). Why *U.S. News and World Report* Should Include a Faculty Diversity Index in its Ranking of Law Schools. April 9, 2010 column at website: writ.news.findlaw.com

Bensimon, E., Sanders, K., and Ward, K. (2000). *Developing New Faculty into Teachers and Scholars*. Bolton, MA: Anker Publishing.

Berk, R., Berg, J., Mortimer, R., Walton-Moss, B. and Yeo, T. (2005). Measuring the Effectiveness of Faculty Mentoring Relationships. *Academic Medicine* 80: 66-71.

Beyond Bias and Barriers: Fulfilling the Potential of Women in Academic Science and Engineering (2006). Washington, D.C.: National Academy of Sciences.

Blauner, Robert (1972). *Racial Oppression in America*. New York: Harper and Row. [Chapter 2 of this book, "Colonized and Immigrant Minorities" has been widely anthologized. Blauner shows that colonized groups— namely, African Americans, Puerto Rican Americans, Mexican Americans, American Indians, and Native Hawaiians—have to deal with the stigma of being historically *conquered* people by the U.S. dominant group and that this stigma unfortunately lingers, generation after generation. By contrast, immigrants who entered this country *by choice not by force* escape stigma though they will usually endure many hardships at first. For instance, Asian Americans who voluntarily immigrated to U.S. are now widely regarded as "honorary whites"-- though their journey to that identity was not always easy (Takaki, below).

Boice, R. (1992). *Advice for New Faculty Members*. Boston: Allyn and Bacon.

-----(1992). Lessons Learned about Mentoring. In: *Developing New and Junior Faculty*, edited by Mary Deane Sorcinelli and Ann E. Austin. San Francisco, CA: Jossey Bass. No. 50, Summer 1992.

-----(1993). Early Turning Points in Professional Careers of Women and Minorities. In: *Building a Diverse Faculty*, edited by J. Gainen and R. Boice. San Francisco, CA: Jossey Bass. No. 53, Spring 1993.

-----(1993). New Faculty Involvement for Women and Minorities. In: *Research in Higher Education*. Vol. 34, No. 3, 291-341.

Bonilla, J., Pickeron, C., and Tatum, T.. (1994). Peer Mentoring Among Graduate Students of Color: Expanding the Mentoring Relationship. In: *Mentoring Revisited: Making an Impact on Individuals and Institutions* edited by Marie Wunsch. San Francisco: Jossey-Bass. No. 57, pp. 101-114.

Boyle, P. and Boice, R. (1998). Systematic Mentorng for New Faculty Teachers and Graduate Teaching Assistants. *Innovative Higher Education* 22: 157-179.

Brent, R., Felder, R., and Rajala, S. (2006). Preparing New Faculty Members to be Successful: A No-Brainer and yet a Radical Concept. *Proceedings of the 2006 ASEE Conference*. Washington, DC: ASEE.

Clark, S. and Corcoran, M. (1986). Perspectives on the Professional Socialization of Women Faculty: A Case of Accumulative Disadvantage? *Journal of Higher Education*, Vol. 57, pp. 20-43.

Christensen, C., Garvin, D., and Sweet, A., eds. (1991). *Education for Judgment: The Artistry of Discussion Leadership*. Cambridge, MA: Harvard Business School Press.

Cole, J. and Cole, S. (1973). *Social Stratification in Science*. Chicago: Univ. of Chicago Press.

Cooper, J., Stevens. D., eds. (2002). *Tenure in the Sacred Grove: Issues and Strategies for Women and Minority Faculty*. Albany, NY: State University of New York Press.

Creswell, J. (1985). *Faculty Research Performance: Lessons from the Sciences and the Social Sciences.* Wash., D.C.: Association for the Study of Higher Education. ASHE-ERIC Higher Education Report #4.

Daley, S., Wingard, D., and Reznik, V. (2006). Improving the Retention of Under-Represented Minority Faculty in Academic Medicine. *Journal of the National Medical Association* 98 (9): 1435-1440.

Danielle, E. (2005). *Every Other Thursday: Stories and Strategies from Successful Women Scientists.* New Haven: Yale University Press.

Espinoza-Herold, M. and Gonzalez, V. (2007). The Voices of Senior Scholars on Mentoring Graduate Students and Junior Scholars. *Hispanic Journal of Behavioral Sciences* 29: 313-335.

Essien, V. (2003). Visible and Invisible Barriers to the Incorporation of Faculty of Color in Predominantly White Law Schools. *Journal of Black Studies* 34 (1): 63-71.

Feugen, K. and Biernat, M. (2002). Reexamining the Effects of Solo Status for Women and Men. *Personality and Psychological Bulletin.* Vol. 28, No. 7, July 2002, 913-925.

Fischer, C. et al. (1996). *Inequality By Design: Cracking the Bell Curve Myth.* Princeton: Princeton Univ. Press.

Fiske, P. (1996). *To Boldly Go: A Practical Career Guide for Scientists.* Wash., DC: Am. Geophysical Union.

Fried, L. et al. Career Development for Women in Academic Medicine: Multiple Interventions in a Department of Medicine. *Journal of the American Medical Association* 276 (9/18/1996): 898-905.

Gaertner, S. and Dovidio, J. (1986). The Aversive Form of Racism. In *Prejudice, Discrimination, and Racism,* ed. S. Gaertner and J. Dovidio. Orlando, FL: Academic Press.

Gainen, J. and Boice, R., eds. (1993). *Building a Diverse Faculty.* San Francisco, CA: Jossey-Bass. [This publication contains nine excellent articles on the disadvantages accruing to non-majority faculty and how these disadvantages can be overcome or mitigated somewhat.]

Ginorio, A. (1995). *Warming the Climate for Women in Academic Science.* Washington, DC: Association of American Colleges and Universities.

Gray, P. and Drew, D. (2008). *What They Didn't Teach You in Graduate School.* Sterling, VA: Stylus.

Gustafson, M., ed. (1991). *Becoming a Historian: A Survival Manual for Women and Men.* Washington, DC: American Historical Association.

Hardwick, S. (2005). Mentoring Early Career Faculty in Geography: Issues and strategies. *Professional Geographer* (1): 21-27.

Harlow, R. (2003). *Race doesn't matter, but…*the Effect of Race on Professors' Experience and Emotion Management in the Undergraduate College Classroom. *Social Psychology Quarterly* 66, no. 4: 348-363.

Haynes, R. (2006). An Exploration and Assessment of Mentoring within the American Law Professoriate. *Academy of Human Resource Development* Interrnational Conference 35: 724-731. Columbus, OH.

Hill, B. (1990). Fostering Professional, Personal, and Family Growth. In *Enhancing Faculty Careers, Strategies for Development and Renewal,* eds J. Schuster and D. Wheeler. San Francisco, CA: Jossey-Bass.

HuDeHart, E. (2000). Office Politics and Departmental Culture. In *Succeeding in an Academic Career: A Guide for Faculty of Color,* ed. M. Garcia. Westport, CT: Greenwood.

Jarvis, D. (1991). *Junior Faculty Development: A Handbook.* New York: Modern Language Association.

Johnsrud, L. (1993). Women and Minority Faculty Experiences: Defining and Responding to Diverse Realities. In: *Building a Diverse Faculty,* edited by J. Gainen and R. Boice. San Francisco, CA: Jossey Bass. No. 53, Spring 1993.

Jordan, D. (2006). *Sisters in Science: Conversations with Black Women Scientists on Race, Gender, and their Passion.* West Lafayette: Purdue University Press.

Kanter, R. (1997). *Men and Women of the Corporation.* New York: Basic Books.

Law, J. (1975). The Psychology of Tokenism: An Analysis. *Sex Roles* 1: 209-223.

Martell, R., Lane, D., and Emrich, C. (1991). Male-Female Differences: A Computer Simulation. *American Psychologist* 51 (1991): 157-58.

Mason, M. and Ekman, E. (2007). *Mothers on the Fast Track.* New York: Oxford University Press. [Also see Law Professor Mary Ann Mason's enlightening website at UCA-Berkeley.]

Matasar, R. (2000). The Ten Commandments of Faculty Development *U. of Toledo Law Review* Vol. 31 #4.

McIntosh, P. (1989). White Privilege: Unpacking the Invisible Knapsack. *Peace and Freedom* July, 10-14.

McKay, N. (1995). Minority Faculty in [Mainstream White] Academia. In *The Academic's Handbook*, edited by A. DeNeef and C. Goodwin. Durham, NC: Duke University Press.

Menges, R. and Exum, W. (1983). Barriers to the Progress of Women and Minority Faculty. *Journal of Higher Education*, Vol.54, 123-43.

Moody, J. (1994). *Faculty Diversity: Problem and Solutions*. New York: Routledge. 2nd edition in 2012.

-----(revised 2010). *Mentoring Early-Stage Faculty at Colleges, Universities, & Professional Schools: Resources for Mentors & Mentees; Provosts, Deans, & Department Chairs; Organizers & Evaluators of Formal Mentoring Programs.* San Diego: JoAnn Moody. For more info about this booklet and the others named directly below, go to www.diversityoncampus.com

-----(revised 2010). *Rising Above Cognitive Errors in Evaluation: Resources for Medical, Law, and Business Schools and Colleges & Universities.* San Diego: JoAnn Moody.

-----(revised 2010). *"Solo" Faculty at Colleges, Universities, & Professional Schools: Improving Retention & Reducing Stress (Resources for Departments & their Chairs, Deans, Mentors, Faculty Developers, & Solos Themselves)* San Diego: JoAnn Moody

-----(revised 2010). *Vital Info for Graduate Students: Resources for Students, Deans, and Faculty.* San Diego: JoAnn Moody.

Nieves-Squires, S. (1994). Hispanic Women, Making Their Presence on Campus Less Tenuous. Washington, DC: Association of American Colleges.

Padilla, R. and Chavez, R., eds. (1995). *The Leaning Ivory Tower: Latino Professors in American Universities.* Albany: State University of New York Press.

Pigford, A. (1988). Being a Black Faculty Member on a White Campus: My Reality. *Black Issues in Higher Education,* 10/24/1988, p. 76.

Pololi, L. and Knight, S. (2005). Mentoring Faculty in Academic Medicine. *Journal of General Internal Medicine* 20: 866-870.

Rains, F. (1999). Dancing on the Sharp Edge of the Sword: Women Faculty of Color in White Academe. In *Everyday Knowledge and Uncommon Truths*, ed. L. Smith and K. Kellor. Boulder, CO: Westview Press.

Redelmeier, D. (2005). The Cognitive Psychology of Missed Diagnoses. *Annals of Internal Medicine* 142 (2005): 115-120.

Reeves, K. (2004, Dec.). Nurses Nurturing Nurses: A Mentoring Program. *Nurse Leader* 4: 49-53.

Reiss, S. (1997). Nell Painter: Making It as a Woman of Color in the Academy. *Diversity Digest,* Fall 1997, 6-7.

Rosser, S. (2004). *The Science Glass Ceiling.* New York: Routledge.

Rothblum, E. (1988). Leaving the Ivory Tower: Factors Contributing to Women's Voluntary Resignation from Academia. *Frontiers* Vol. 10, No. 2.

Sandler, B. (1992). *Success and Survival Strategies for Women Faculty Members.* Washington, DC: Association of American Colleges.

Scandura, T. (1998). Dysfunctional Mentoring Relationships and Outcomes. *J. of Management* 24 (3): 449-467.

Schoenfeld, C. & Magnan, R. (2004, 3rd ed.). *Mentor in a Manual: Climbing the Academic Ladder to Tenure.* Madison, WI: Atwood Publishing.

Scott, A. (1995). Why I Teach by Discussion in *The Academic's Handbook*, ed. by A. Deneff and C. Goodwin, pp. 187-191. Durham, N.C.: Duke University Press.

Slevin, J. (1992). *The Next Generation (Preparing Graduate Students for the Professional Responsibilities of College Teachers).* Washington, DC: Association of American Colleges.

Schuster, J. and Finkelstein, M. (2006). *The American Faculty.* Baltimore: Johns Hopkins U. Press.

Seldin, P. (1987). *Coping with Faculty Stress.* San Francisco: Jossey-Bass.

Shin, A. (1996). The Lily-White University Presses. *Journal of Blacks in Higher Education.* Summer 1996, #12, 78-82.

Smith, D. (1996). *Achieving Faculty Diversity—Debunking the Myths.* Washington, D.C.: Association of American Colleges and Universities.

Smith, D. (2009). *Diversity's Promise for Higher Education.* Baltimore: Johns Hopkins University Press.

Sorcinelli, M. and Yun, J. (2007). From Mentor to Mentoring Networks: Mentoring in the New Academy. *Change* 39 (6): 58-61.

Sorcinelli, M. and Austin, A. ed. (1992). *Developing New and Junior Faculty.* San Francisco: Jossey-Bass.

Stanley, C. and Lincoln, Y. (2005). Cross-race faculty mentoring. Change 37 (2): 44-50.

Stanley, C., ed. (2006). *Faculty of Color: Teaching in Predominantly White Colleges and Universities.* Bolton, MA: Anker.

Stein, W. (1994). The Survival of American Indian Faculty. *Thought and Action* Vol. X, No. 1, Spring 1994, 101-14.

Stanton-Salazar, R. (1997). A Social Capital Framework for Understanding the Socialization of Racial Minority Children and Youths. *Harvard Educational Review.* Vol. 67, No. 1. Spring 1997.

Steele, C. and Aronson, J. (1995). Stereotype Threat and the Intellectual Test Performance of African Americans. *Journal of Personality and Social Psychology* 69: 797-811. Also see website: reducestereotypethreat.com

Sue, D., Capodilupo, C., Torinio, G., Bucceri, J., Holder, A., Nadal, K., and Esquilin, M. (2007). Racial Micro-Aggressions in Everyday Life. *American Psychologist* 62 (4): 271-286.

Swingle, A. (2002). Poised for Power. *Hopkins Medical News.* Spring/summer 2002.

Takaki, R. (1989). *Strangers from a Different Shore.* Boston: Little, Brown.

Tannen, D. (2005). *Conversational Style.* New York: Oxford University Press.

"Teaching Science Collaboratively" videotape. Cambridge: Harvard U. (Bok Center for Teaching and Learning).

Tierney, W. and Bensimon, E. (1996). *Promotion and Tenure: Community and Socialization in Academe.* Albany: SUNY Press.

Tomaskoviv-Devey, D., Thomas, M. & Johnson, K. (2005). Race and the Accumulation of Human Capital across the Career: A Theoretical Model for Fixed-Effects Application. *American Journal of Sociology* 111: 58-89.

Tonn, J. (1985). Understanding the Other Person: Skillful Interpersonal Communication. Wellesley Hills, MA: Educational Planning Services Corporation.

Travis, E. ed. (2009). *Legends and Legacies: Personal Journeys of Women Physicians and Scientists at M.D. Anderson Cancer Center.* Houston, TX: Anderson Cancer Center.

Trix, F. and Psenka, C. (2003). Exploring the Color of Glass: Letters of Recommendation for Female and Male

Medical Faculty. *Discourse and Society* 14: 191-220.

Trower, C., and R. Chait (2002). Faculty Diversity: Too Little for Too Long. In *Harvard Magazine*, March-April 2002, 33-36. [At the website www.harvard-magazine.com are data tables that accompany this article.]

Turner, C. (2002). *Diversifying the Faculty: A Guidebook for Search Committees*. Washington, D.C.: Association of American Colleges and Universities .

Turner, C. and Myers, S., Jr. (2000). *Faculty of Color in Academe: Bittersweet Success*. Needham Heights, MA: Allyn and Bacon.

University of Michigan Faculty Work-Life Study Report. (1999). Ann Arbor: University of Michigan.

Valian, V. (1998). Sex, Schemas, and Success: What's Keeping Women Back? *Academe* Sept. 1998, 50-5.

Valian, V. (1998). *Why So Slow? The Advancement of Women*. Cambridge, MA: MIT Press.

Wade, K. and Kinicki, A. (1995). Examining Objective and Subjective Applicant Qualifications within a Process Model of Interview Selection Decisions. *Academy of Management Journal* 38 (1995): 151-55.

Wenneras, C. and Wold, A. (1997). Nepotism and Sexism in Peer Review. *Nature* 387 (1997): 341-43.

Wenneras, C. and Wold, A. (2000). A Chair of One's Own: The Upper Reaches of Academe Remain Stubbornly Inaccessible to Women. *Nature* 408 (2000): 647.

Wheeler, D.(1992). The Role of the Chairperson in Support of Junior Faculty. In: *Developing New and Junior Faculty*. Edited by Mary Deane Sorcinelli and Ann E. Austin. San Francisco, CA: Jossey-Bass. No.50, Summer 1992.

Wheeler, M. and Fiske, S. (2005). Controlling Racial Prejudice: Social-Cognitive Goals Affect Amygdala and Stereotype Activation. *Psychological Science*, Vol. 16, No. 1, 56-63.

Wildman, S. (1996). *How Invisible Privilege Undermines America*. New York: NYU Press.

Williams, C. (2001). *Technology and the Dream: Reflections on the Black Experience at MIT, 1941-1999*. Cambridge, MA: MIT Press.

Williams, C.L. (1992). The Glass Escalator: Hidden Advantages for Men in the 'Female' Professions. *Social Problems* 39 (1992): 253-67.

Wilson, P., Valentine, D., and Pereira, A. (2002). Perceptions of New Social Work Faculty about Mentoring Experiences. *Journal of Social Work Education* 38 (2): 317-333.

Wilson, T. and N. Brekke. Mental Contamination and Mental Correction: Unwanted Influences on Judgments and Evaluations. *Psychological Bulletin* 116 (1994): 117-42.

Wingard, D, Garman, K., and Reznik, V. (2004). Facilitating Faculty Success: Outcomes and Cost Benefit of the UCSD National Center of Leadership in Academic Medicine. *Academic Medicine* 79 (10): S9-S11.

"Women Make Gains in Getting Canadian Research Chairs." *Chronicle of Higher Education*, 11/26/2004, p. A38.

Wu, F. (2002). *Yellow: Race in America beyond Black and White*. New York: Basic Books.

Wunsch, M., ed. (1990). *Mentoring Revisited: Making an Impact on Individuals and Institutions*. San Francisco: Jossey Bass. (In this collection, Professor Wunsch provides an invaluable checklist for developing mentoring programs; she also contributes two articles.)

Yetman, N., ed. (1999). *Majority and Minority: The Dynamics of Race and Ethnicity in American Life*. Needham Heights, MA: Allyn and Bacon.

Yoder, J. (2002). Understanding Tokenism Processes and their Impact on Women's Work: Presidential Address. *Psychology of Women Quarterly* 26: 1-8.

DR. MOODY'S NATIONAL CONSULTING PRACTICE

❖ **I deal interactively with power-holders (presidents, provosts, deans, department chairs, search committees, faculty senates, trustees)** at large and small campuses and professional schools of law, medicine, business, and engineering. In *problem-based sessions and retreats,* I tap into the wisdom brought to the table by power-holders: I actively engage them in identifying blocks to faculty and student diversity and in brainstorming how to remove the blocks. As the analysis and brainstorming proceed, I share strategies and caveats derived from my consulting and research. Participants, with my assistance, develop or refine *action plans* for improved recruitment, retention, mentorship, and peer review at their campuses and professional schools.

❖ **As an external expert, I assist diversity officers and faculty developers in advancing their goals.** At times, it is strategically wise to have an outside expert provide new perspectives and caveats regarding how goals are currently being implemented. Schools also benefit from learning about the successful experiences of other institutions. To insure that change-making continues, I frequently *train [internal] trainers* to sustain the momentum.

❖ **Working with mentoring programs,** I coach mentors and department chairs on how to: deal with *critical incidents* frequently experienced by their mentees; reduce the stressors that mentees face if they are *solos* (the only one or one of only a few women or under-represented minority faculty or students in an academic setting); *frontload* all new faculty hires with extra attention and encouragement so they feel they belong and are more likely to thrive. I run mentor- and mentee-readiness workshops as well as help build quality-control mechanisms into newly formed and established mentoring programs designed for post-doctoral scholars and early-stage faculty.

❖ **For early-stage faculty (pre-tenure, research-only, tenure-track, adjunct, physician/faculty, term, clinical-only, and so on) as well as post-docs and future faculty,** I lead demystifying sessions on how they can more effectively maximize their success and satisfaction in academe.

Typical Areas of My Consulting Work:

❖ Improving recruitment, retention, mentorship, and evaluation of faculty, students, post-docs, and staff (especially women and under-represented minorities who are frequently *solos*)

❖ Removing contaminants and cognitive errors from search, peer-review, and other evaluation processes (errors which often disproportionately hurt women and minorities being evaluated)

❖ Recognizing and replacing dysfunctional departmental practices and assumptions

❖ Frontloading all early-stage faculty with support and collegiality to ensure their retention

❖ Building a cadre of faculty and staff advocates or equity advisors for campus diversity.

Comments on Dr. Moody's Consulting Work:

❖ *Dr. Moody has developed excellent materials and approaches that engage deans, chairs, search committees, and others in analyzing problem-based scenarios and then developing remedies and action plans.* **President Bud Peterson, Georgia Tech (former Chancellor, UCO-Boulder and former Provost, RPI)**

❖ *JoAnn Moody brings exceptional expertise, warmth, and effectiveness to her consulting practice. I am delighted that professional schools are beginning to tap into her wisdom and use her publications.* **Christopher K.R.T. Jones, Guthridge Professor of Mathematics and former Department Chair, UNC-Chapel Hill (former Professor, Brown University).**

ABOUT THE AUTHOR

As a long-time national specialist in faculty development and diversity, I have helped campuses and professional schools rethink and improve: recruitment, mentorship, evaluation, and retention of faculty, students, and staff, especially women and minorities. Using my experience as a college professor and consortium vice president, I have consulted with: senior administrators, faculty groups, diversity officers and councils, search and tenure review committees, faculty developers, mentoring program officers, and trustees. I also have organized "demystifying" workshops for tenure-track and adjunct faculty as well as for post-doctoral scholars, future faculty, and graduate students.

My clients have included: Cornell, Purdue, Kansas State, Texas A&M, New Mexico State, RPI, Case Western, Carnegie Mellon, UCLA, Rutgers, La Verne, Virginia, Southern California, Washington, New Hampshire, Alabama, Colorado, Texas, Claremont Graduate School & Colleges, Michigan Tech, Rochester, Wisconsin, Florida, UNC Chapel Hill & others. Also medical schools: Stanford, UC Irvine, Toronto, Calgary & others. Also colleges: Allegheny, Macalester, Middlebury, Mt. Holyoke, Keene State, Smith, Northern Essex Community College, & the Riverside (CA) Community College District.

Comments about "Demystifying the Profession"

"We obtain bulk orders of this excellent booklet, to share and discuss with various faculty groups and to use in retreats for chairs and directors." **Debra Walker King, Associate Provost of Faculty Development; Professor of English, University of Florida.**

"A comprehensive perspective of junior faculty experiences that every graduate dean will want to reference --and include as vital literature for current department chairs, continuing and new faculty as well as graduate students." **Donald Cole, Associate Dean of the Graduate School; Associate Professor of Mathematics, University of Mississippi.**

"I applaud your outstanding consulting and writings which are helping academia become more hospitable and culturally diverse." **Sarah Willie-LeBreton, Associate Professor of Sociology, Swarthmore College.**

Dr. Moody is the author of:

Faculty Diversity: Removing the Barriers, Second Edition (2012). This book may be ordered from Routledge Press or Amazon.com. [*"Those already dedicated to the project of faculty diversity will be fortified, renewed, and energized. Cynics and skeptics may yet be persuaded there* are *real solutions. We cannot afford to ignore this book."* Evelyn Hu-DeHart, Professor of History and Director, Center for the Study of Race and Ethnicity in America, Brown University]

Dr. Moody's other practical booklets:

Rising Above Cognitive Errors: Guidelines to Improve Faculty Searches, Evaluation, and Decision-Making (Resources for Medical, Law, and Business Schools and Colleges & Universities), with Discussion Scenarios (practice exercises), revised 2010. Used by search committees, faculty affairs offices, deans, dept. chairs, diversity committees, leadership-development programs, trustee groups, faculty senates.

Mentoring Early-Stage Faculty at Colleges, Universities, & Professional Schools (Resources for Mentors & Mentees; Provosts, Deans, & Department Chairs; Organizers & Evaluators of Formal Mentoring Programs), with Discussion Scenarios, revised 2010. Mentoring is widely viewed as essential but often provided in sporadic and superficial ways. This booklet aims to remedy such shortcomings. Readiness workshops for mentors and mentees are outlined. Checklists for chairs, provosts, deans, and mentors are included.

"Solo" Faculty at Colleges, Universities, & Professional Schools: Improving Retention & Reducing Stress (Resources for Departments & their Chairs, Deans, Mentors, Faculty Developers, & Solos Themselves), with Discussion Scenarios (practice exercises); revised 2010. Women and minorities in "skewed-ratio" departments can find themselves dealing with several stressors. Interventions are necessary.

ROND-POINT

1

Méthode de français basée sur l'apprentissage par les tâches

Josiane Labascoule
Christian Lause
Corinne Royer

AVANT-PROPOS

ROND-POINT s'adresse à des apprenants grands adolescents et adultes et comprend trois niveaux (débutant, intermédiaire et avancé) qui couvrent les niveaux A1 et A2 (**ROND-POINT 1**), B1 (**ROND-POINT 2**) et B2 (**ROND-POINT 3**) du *Cadre européen commun de référence pour les langues*. Ce premier niveau aide aussi à la préparation du DELF A1 et A2.

■ LA PERSPECTIVE ACTIONNELLE ET L'APPRENTISSAGE PAR LES TÂCHES

Le *Cadre européen commun de référence* (CECR) établit les bases théoriques et fournit les outils méthodologiques nécessaires pour surmonter les carences des approches dites communicatives. Dans ce but, le CECR formule une proposition méthodologique cohérente et privilégie ce qu'il appelle une perspective actionnelle. Cela signifie que les usagers et les apprenants d'une langue sont, avant tout, considérés « comme des acteurs sociaux ayant à accomplir des tâches dans des circonstances et un environnement donnés… ». C'est dans ce sens que **ROND-POINT** est la première méthode de français basée sur l'apprentissage par les tâches.

■ UN ENSEIGNEMENT CENTRÉ SUR L'APPRENANT

Les situations proposées en classe sont trop souvent éloignées de l'environnement de l'apprenant. L'apprentissage par les tâches surmonte cette difficulté en centrant sur l'élève les activités réalisées en classe. À partir de sa propre identité et en s'exprimant selon ses propres critères, l'élève développe de manière naturelle ses compétences communicatives dans la langue cible.

■ DES PROCESSUS AUTHENTIQUES DE COMMUNICATION

La mise en pratique de la perspective actionnelle, telle que nous l'avons conçue pour **ROND-POINT**, entraîne de profondes modifications. La communication qui s'établit au cours de l'exécution des tâches est enfin authentique et la classe — cet espace partagé dans le but d'apprendre (et d'utiliser) une langue réelle — devient un lieu où chacun vit des expériences de communication aussi riches et authentiques que celles que les apprenants vivent en dehors de la classe.

■ LES COMPOSANTS DE ROND-POINT

Chaque niveau de la méthode comprend un livre de l'élève (avec CD inclus), un cahier d'exercices (avec CD inclus) et un guide pédagogique. Chaque unité du *Cahier d'exercices* offre des activités spécialement conçues pour consolider les compétences linguistiques développées dans le *Livre de l'élève* et pour entraîner les apprenants aux examens du DELF.
Le *Guide pédagogique* explique les concepts méthodologiques sous-jacents et suggère différentes exploitations pour les activités du *Livre de l'élève*.

Avec l'approche actionnelle, la méthodologie de l'enseignement-apprentissage du français langue étrangère prend un tournant radical. Il ne s'agit pas de rejeter pour autant les apports de l'approche communicative — qui y songerait ? — mais l'éclairage porte dorénavant sur une composante essentielle de la communication, à savoir : l'action.

Dans cette optique, l'apprenant est d'abord considéré comme « acteur social » et agit ou, mieux encore, interagit socialement en vue de maîtriser la langue cible. L'accent est donc placé sur la réalisation de tâches, tâches qui s'exécutent en commun.

L'enseignant et ses apprenants se fixent donc, séance après séance, des objectifs qui relèvent toujours d'un « faire », d'une action à entreprendre en commun.

Dans **ROND-POINT 1**, par exemple, les auteurs proposent des tâches qui font appel au jeu et à la créativité : placer à table les invités à un repas de mariage, organiser des vacances en groupe, élaborer un guide pour mieux vivre, sélectionner des candidats pour quatre emplois ou faire un recueil de cuisine avec nos meilleures recettes.

Bien sûr, pour atteindre ces objectifs, l'apprenant aura besoin de « ressources » (connaissances culturelles et langagières) afin d'accomplir la tâche fixée.

Dans **ROND-POINT 1**, l'organisation des unités révèle clairement le plan stratégique à exécuter afin que l'apprenant puisse atteindre les objectifs :

1. Visualiser les compétences à atteindre, la tâche à réaliser et avoir un premier contact avec le vocabulaire.
2. Entrer dans le contexte, en réalisant des activités d'apprentissage propres aux différentes compétences.
3. Acquérir les ressources, en incorporant les « instruments » indispensables pour agir efficacement en société ; c'est-à-dire, être capable d'appliquer les « normes » et « tonalités culturelles, sociales et linguistiques requises », selon le « genre du contexte ».
4. Réaliser la tâche en déployant ses compétences et son aptitude d'« acteur social confirmé ».
5. Découvrir des éléments de la culture francophone et comparer avec la culture d'origine de l'apprenant.

On reconnaîtra facilement, grâce aux termes entre guillemets, les composantes du modèle communicationnel de Dell Hymes, père de l'ethnographie de la communication, discipline qui place l'action sociale au centre de ses préoccupations sociolinguistiques.

À la question cruciale que se posent bien des didacticiens, dont Philippe Meirieu, dans son ouvrage : *Apprendre... Oui. Mais comment ?*, **ROND-POINT 1**, par son ancrage consciencieux et volontaire dans l'approche actionnelle, apporte une réponse pragmatique efficace.

Geneviève-Dominique de Salins
Professeur émérite

DYNAMIQUE DES UNITÉS :

Les unités de **ROND-POINT** sont organisées en cinq doubles pages qui vous apportent progressivement le lexique et les ressources grammaticales nécessaires à la communication :

♦ La rubrique **ANCRAGE** offre un premier contact avec le vocabulaire et les thèmes de l'unité. On y présente les objectifs, le contenu grammatical de l'unité et la tâche que vous devrez réaliser sous la rubrique TÂCHE CIBLÉE.

♦ La rubrique **EN CONTEXTE** propose des documents et des activités proches de la réalité hors de la classe. Ces documents vont vous permettre de développer une capacité de compréhension réelle.

♦ La rubrique **FORMES ET RESSOURCES** vous aide à systématiser les aspects de la grammaire nécessaires à la réalisation de la tâche ciblée.

♦ La rubrique **TÂCHE CIBLÉE** crée un contexte de communication où vous allez réutiliser tout ce que vous avez appris dans les étapes antérieures.

♦ La rubrique **REGARDS CROISÉS** fournit des informations sur le monde francophone et vous invite à réfléchir aux contrastes des cultures en contact.

À la fin du livre, un **MÉMENTO GRAMMATICAL** réunit et développe tous les contenus abordés dans chaque unité, et notamment ceux présentés dans la rubrique FORMES ET RESSOURCES.

COMMENT EXPLOITER CES PAGES

♦ En général on vous propose de petites activités de découverte du vocabulaire.

♦ L'image est très importante, elle va vous aider à comprendre les textes et le vocabulaire.

♦ Vos connaissances préalables dans d'autres domaines (autres langues, autres matières) et votre expérience du monde sont aussi des ressources utiles pour aborder l'apprentissage du français. Utilisez-les !

ANCRAGE

COMMENT EXPLOITER CES PAGES

♦ Dès le début vous allez être en contact avec la langue française telle qu'elle est dans la réalité.

♦ Ne vous inquiétez pas si vous ne comprenez pas chaque mot. Ce n'est pas nécessaire pour mener à bien les activités proposées ici.

♦ *Les textes en rouge* offrent des exemples qui vont vous aider à construire vos propres productions orales.

♦ *Les textes en bleu* sont des modèles de productions écrites.

EN CONTEXTE

COMMENT EXPLOITER CES PAGES

♦ Vous allez presque toujours travailler avec une ou plusieurs personnes. Ceci va vous permettre de développer vos capacités d'interaction en français.

♦ Dans plusieurs activités on vous demande de réfléchir et d'analyser le fonctionnement d'une structure. Ce travail de réflexion vous aidera à mieux comprendre certaines règles de grammaire.

♦ Vous trouverez regroupées dans une colonne centrale toutes les ressources linguistiques mises en pratique. Cette fiche de grammaire vous aidera à réaliser les activités et vous pourrez la consulter autant de fois que vous le voudrez.

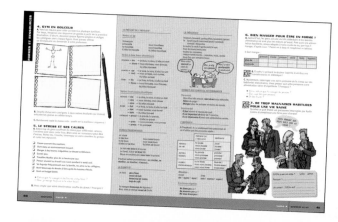

FORMES ET RESSOURCES

une façon cohérente d'apprendre une langue

COMMENT EXPLOITER CES PAGES

- ♦ L'aisance et l'efficacité communicatives sont ici essentielles.
- ♦ Vous allez réaliser cette tâche en coopération : vous allez résoudre un problème, échanger des informations et des opinions, négocier des solutions, élaborer des textes, etc.
- ♦ La phase de préparation est très importante. C'est l'occasion de mobiliser efficacement ce que vous avez appris, mais c'est aussi l'occasion de vous montrer créatif et autonome. Pour cela vous devez être capable d'évaluer vos besoins ponctuels en vocabulaire et en grammaire.
- ♦ Vous pouvez chercher les ressources dont vous avez besoin dans ce livre, dans un dictionnaire ou dans l'« Antisèche », une petite fiche qui vous fournit de nouvelles ressources langagières. Vous allez discuter avec les membres de votre groupe à propos de la manière de réaliser la tâche et vous pourrez aussi solliciter ponctuellement l'aide de votre professeur.

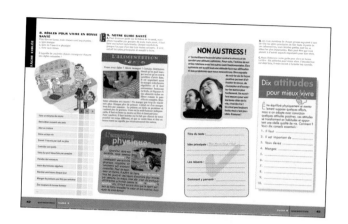

 Ce pictogramme indique les activités que vous pouvez classer dans votre Portfolio européen des langues.

COMMENT EXPLOITER CES PAGES

- ♦ Vous allez trouver dans ces pages des informations qui vont vous permettre de mieux connaître et comprendre les valeurs culturelles, les comportements et la vie quotidienne dans différents pays où l'on parle français.
- ♦ Très souvent, on vous demandera de réfléchir à votre propre identité culturelle, à vos propres expériences de la vie pour mieux comprendre ces nouvelles réalités culturelles.
- ♦ Certains documents peuvent vous sembler complexes; ne vous inquiétez pas : ce sont des « échantillons » de culture qui sont là pour vous montrer une autre réalité. Ce ne sont pas des textes à reproduire.

COMMENT EXPLOITER CES PAGES

À la fin du livre, le MÉMENTO GRAMMATICAL développe les explications contenues dans la fiche de grammaire de la rubrique FORMES ET RESSOURCES.

- ♦ Vous pourrez consulter cet outil à tout moment de votre apprentissage.
- ♦ Il vous aidera dans les activités centrées sur la découverte et la conceptualisation d'aspects formels et sera un appui pour le développement de votre autonomie.

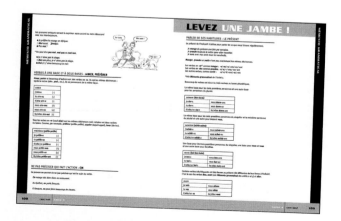

QUI SOMMES-NOUS ?

Nous allons avoir un premier contact avec la langue française et les pays où l'on parle français et nous allons mieux connaître les personnes qui suivent ce cours.

Pour cela nous allons apprendre à :

- épeler
- présenter et identifier une personne ou un pays
- demander et donner des informations : nom, téléphone et courriel
- expliquer nos motivations pour apprendre le français

Et nous allons utiliser :

- l'alphabet
- le présentateur *c'est*
- les articles définis
- les nombres de 1 à 12
- les mots interrogatifs : *comment...? pourquoi...?*
- *pour* et *parce que*
- le verbe *s'appeler* au présent

1

1. LE PREMIER JOUR DE CLASSE

Nous sommes dans une école de langues.
Le professeur fait l'appel. Lisez les noms des étudiants.
Ils sont tous là ? Mettez une croix à côté du nom
des étudiants présents.

	PRÉNOM	NOM	Présent
1	Rémy	Bertier	
2	Marie	Boyer	
3	Victor	Charpentier	
4	Alain	Chaunu	
5	Cédric	Derycke	
6	Éric	Descamps	
7	Géraldine	Dolinski	
8	Nadia	El Kharraz	
9	Hélène	Laffont	
10	Julie	Lebrun	
11	Yves	Lemont	
12	Carine	Nacar	
13	Virginie	Rozée	
14	Manuel	Sanchez	

2. SONORITÉS FRANÇAISES

A. Écoutez encore une fois ces noms. Votre professeur va
les lire lentement. Il y a des sons nouveaux pour vous ?
B. Est-ce que vous connaissez d'autres prénoms
français (pensez à des personnages célèbres) ?
Faites une liste, la plus longue possible.
Votre professeur peut écrire cette liste au tableau.

Amélie
François

C. Votre prénom correspond-il à un prénom français ?
Demandez à votre professeur !

● Comment on dit « Ana » en français ?
○ Anne.

3. LE FRANÇAIS ET NOS IMAGES

A. Pouvez-vous associer chacun des 12 thèmes avec une photo ?

_____ 1 (un). **Le cinéma.**

_____ 2 (deux). **Les traditions.**

_____ 3 (trois). **Les gens.**

_____ 4 (quatre). **La politique.**

_____ 5 (cinq). **Le tourisme.**

_____ 6 (six). **Les vins.**

_____ 7 (sept). **Le sport.**

_____ 8 (huit). **La cuisine.**

_____ 9 (neuf). **La littérature.**

_____ 10 (dix). **Le monde des affaires.**

_____ 11 (onze). **L'histoire.**

_____ 12 (douze). **La mode.**

B. Quels aspects de la France vous intéressent ?

● Moi, le tourisme.
○ Moi,...

C. Fermez le livre ! Savez-vous maintenant compter jusqu'à 12 ?

4. L'EUROPE EN CHANSONS

A. La télévision retransmet un concours de chansons. C'est le moment pour la France d'attribuer des points aux différents pays participants. Complétez le tableau avec les points entendus.

		Points			Points
	Allemagne			Islande	
	Autriche			Italie	
	Belgique			Lettonie	
	Bosnie-Herzégovine			Luxembourg	
	Bulgarie			Norvège	
	Chypre			Pays-Bas	
	Croatie			Pologne	
	Espagne			Roumanie	
	Estonie			Royaume-Uni	
	France			Russie	
	Grèce			Portugal	
	Hongrie			Slovénie	
	Irlande			Suède	

B. Maintenant, fermez le livre : pouvez-vous dire en français le nom de six pays de la liste ?

5. PAYS D'EUROPE

A. Vous pouvez écrire en français les noms des sept pays suivants ? Ils sont tous en Europe.

1. L' A _ _ _ _ _ _ _ _ _
2. LA B _ _ _ _ _ _ _ _
3. L 'I _ _ _ _ _ _ _
4. LE L _ _ _ _ _ _ _ _ _
5. LES P _ _ _ _ - _ _ _
6. LA P _ _ _ _ _ _ _
7. LE R _ _ _ _ _ _ _ - _ _

- ● L'Allemagne !
- ○ Comment ça s'écrit ?
- ■ Ça s'écrit A, deux L, E, M, A, G, N, E.

B. Vous pouvez situer ces sept pays sur la carte ?

- ● Je crois que là, c'est le Luxembourg.
- ○ Le Luxembourg ? Non, ce n'est pas le Luxembourg, c'est la Belgique.

C. Vous connaissez les noms des quatre pays européens où l'on parle français ? Mettez-vous d'accord avec un autre étudiant.

6. IMAGES D'EUROPE

Vous avez une idée du pays où ces photos ont été prises ? Mettez-vous en groupes de trois et parlez-en.

3. ....

1. ....

2. ....

4. ....

5. ....

- ● La photo numéro deux, c'est la France ?
- ○ Non, ce n'est pas la France, je crois que c'est la Grande-Bretagne.

6. ....

7. ....

GENRE ET NOMBRE

	MASCULIN	FÉMININ
SINGULIER	le Portugal	la Pologne
	(devant une voyelle ou **h** muet)	
	l'Ouganda	l'Italie
PLURIEL	les Pays-Bas	

PRÉSENTER ET IDENTIFIER : C'EST

Et ça ?

Ça*, c'est Monaco.

* Abréviation à l'oral de *cela*.

● *Rémy Bertier ?*
○ *C'est moi.*

À la forme négative

Ce n'est pas le Luxembourg, *c'est* la Belgique.

On peut dire à l'oral : *C'est pas* le Luxembourg.

L'ALPHABET

A [a] comme Algérie
B [be] comme Belgique
C [se] comme Canada
D [de] comme Danemark
E [ə] comme Espagne
F [ɛf] comme France
G [ʒe] comme Grèce
H [aʃ] comme Hongrie
I [i] comme Italie
J [ʒi] comme Japon
K [ka] comme Kenya
L [ɛl] comme Lituanie
M [ɛm] comme Malte

N [ɛn] comme Norvège
O [o] comme Oman
P [pe] comme Portugal
Q [ky] comme Québec
R [ɛr] comme Russie
S [ɛs] comme Suisse
T [te] comme Turquie
U [y] comme Ukraine
V [ve] comme Viêt-nam
W [dubləve] comme Wallonie
X [iks] comme Mexique
Y [igrɛk] comme Yémen
Z [zɛd] comme Zimbabwe

Autres signes : @ arobase

---

7. SONS ET LETTRES

A. Écoutez ces noms et prénoms.
Regardez comment ils s'écrivent. Que remarquez-vous ?

B. Trouvez deux lettres qui se prononcent de la même manière.

C. Trouvez trois lettres qui se prononcent de deux manières différentes.

Ch Chateaubriand
Charlotte Christian Chantal

C Colette
Camille Cécile Constance

G Gide
Georges Gilbert Gisèle

R Rimbaud
Roland Marianne Claire

S Stendhal
Sylvie Isabelle Serge

J Jarry
Jérôme Juliette Joseph

Z Zola
Zacharie Zoé Zénobe

V Verlaine
Valentin Valérie Yves

B Baudelaire
Bernard Bruno Sébastien

D. Toutes ces lettres se prononcent de la même manière dans d'autres langues que vous connaissez ?

8. ILS SONT CÉLÈBRES EN FRANCE

A. Voici quelques personnages (réels ou fictifs) bien connus des Français. Et vous, vous les connaissez aussi ? Parlez-en entre vous.

☐ Marguerite Duras   ☐ Tintin   ☐ Pablo Picasso
☐ Édith Piaf   ☐ Zinédine Zidane   ☐ Isabelle Adjani
☐ Serge Gainsbourg   ☐ l'Inspecteur Maigret

1. Actrice née en France de père algérien et de mère allemande.

2. Chanteur, auteur, compositeur français né de parents russes.

3. Commissaire de police, personnage créé par Simenon, écrivain belge.

4. Personnage d'Hergé, dessinateur belge.

5. Joueur de football français d'origine algérienne.

6. Auteur française née en Indochine.

7. Chanteuse française née à Paris en 1915.

8. Peintre né en Espagne.

● La photo nº 1, c'est Marguerite Duras ?
○ Non, je crois que c'est Isabelle Adjani.
■ Et la photo nº 4 ?
● Je ne sais pas.

B. Vous connaissez d'autres personnages, réels ou fictifs, de la culture française ?

9. POURQUOI APPRENDRE LE FRANÇAIS ?

A. Écoutez bien et cochez de 1 à 6 les raisons évoquées pour apprendre le français !

- ☐ Pour travailler.
- ☐ Pour les vacances.
- ☐ Pour parler avec ses amis.
- ☐ Parce qu'elle aime la littérature française.
- ☐ Parce que sa petite amie est française.
- ☐ Pour connaître la culture française.
- ☐ Pour parler la langue de son père.
- ☐ Parce que le français est obligatoire à l'école.

B. Et vous ? Pourquoi apprenez-vous le français ?
Parlez-en avec trois autres personnes de la classe.
Si vous ne connaissez pas le vocabulaire en français,
demandez-le au professeur !

- ● Moi, (j'apprends le français) pour travailler.
- ○ Moi, parce que...

ANTISÈCHE

J'apprends le français...

pour le travail.
les études.

pour faire du tourisme.
connaître la culture française.

parce que...
j'aime les langues étrangères.
mon petit ami est français.
la France est un pays voisin.

10. CARNET D'ADRESSES

Vous connaissez toutes les personnes de votre classe ? Demandez à chaque personne comment elle s'appelle : le prénom et le nom ; ensuite, son numéro de téléphone ou son adresse électronique et enfin, pourquoi elle apprend le français.

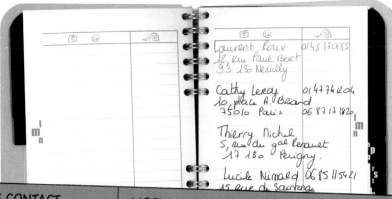

PRÉNOM	NOM	MOYEN DE CONTACT téléphone, adresse électronique	MOTIVATION POUR APPRENDRE LE FRANÇAIS

Numéros d'urgence

Pompiers	18
Police	17
Gendarmerie	01 43 02 43 63
SAMU	15
GDF(sécurité dépannage)	01 48 95 04 36
EDF(sécurité dépannage)	
Numéro Azur	0 810 333 093

A

A Ba bât G 1 sq Jacques Decour 01 48 79 19 64
AAZA Abdelmajid bât H 01 48 69 76 16
  2 pl Bretagne 01 48 65 09 21
ABAD Jean-Luc 11 r Auber 01 48 67 06 57
  . Sylviane 5 cité Notre Dame 01 48 65 43 45
ABADE Antonio 15 r Hector Berlioz ....
ABADIA Marie-Louise 01 48 67 98 54
  6 r Pierre Quemener 01 49 39 00 56
ABBAOUI Mohamed 1 r Delacroix 01 48 65 04 12
  . Rachid 13 all Salomon de Brosse ....
ABBRUZESE Eugène 01 48 67 30 20
  42 r Roland Garros ....
A.B.C.D 01 48 65 18 26
  88 av Massenet 01 48 65 00 39
  fax ....
ABDALLAH Houmad 01 48 67 25 86
  2 r Georges Rouault ....
  . Mohamed 10 r Georges Braque 01 48 65 34 25
  . Rabah bât B 3 r Doct Albert Calmette 01 48 65 17 12
ABDAT Zahia 66 r Victor Basch 01 48 65 74 70
ABDEBREIMAN Jules 23 pl Picardie 01 48 66 28 72
ABDEDDAIM Jamel 5 r Nungesser 01 48 65 64 97
ABDEL ALL Adel 33 av Védrines 01 48 65 18 46
  . Soad 2 av Védrines 48 65 43 48

Location tourisme et utilitaires
  158 av Henri Barbusse-Drancy 01 48 96 81 66
ADAGBA Jean-Port 01 48 65 55 01
  9 all Oiseau Blanc ....
ADAM Claude 01 48 65 31 18
  19 r Altrincham Sandwell ....
ADAMCZYK Krzysztof 01 48 67 88 60
  19 av Charles de Gaulle 01 48 67 90 44
ADAMS Alidou 3 r Saint Saëns 01 49 39 00 92
  . Daniel 2 pl Chalgrin 01 45 91 17 21
  . Steve 34 all Croix du Sud ....
ADAMS ET ASSOCIÉS 01 55 81 11 33
  r Anatole Sigonneau 01 48 65 01 33
  tél ....
ADAMSKA Véronique 01 48 65 60 89
  69 r Gén Giraud ....
ADAMY Frédéric ....
  14 bis av Paul Vaillant Couturier 01 48 79 37 84
ADDE Anne bât A 01 48 66 24 56
  1 A cité Quinze Arpents 01 45 91 22 78
ADDOU Fatma 15 av Hoche 01 48 69 95 92
ADDOUN Ahmed 13 r Béziers 01 48 69 55 37
  Z bât D 24 pl Champagne ....
ADELAIDE Gérard résid L'Orée Du Parc bât C 01 48 65 62 68
  23 av Charles de Gaulle 01 48 65 28 83
ADET Emine 11 r Percier Fontaine 01 48 66 09 53
  . Kemal 39 av Duguay Trouin 01 48 67 21 06
  . Telli 61 av Henri Barbusse 01 48 67 57 05
  . Zahir 139 av Pasteur ....
ADEYINKA Samuel 01 48 65 53 72
  13 all Salomon de Brosse 01 48 65 92 87
  . Samuel 13 all Salomon de Brosse 01 48 67 39 58
ADIL Kamel 1 r Lavoisier 01 48 66 12 77
  . Nouria bât L 2 L cité Blés d'Or 01 48 65 74 89
ADIN Dominique résid Pasteur 01 48 65 76 41
  . Jean-Fran ... Sand 45 91 95 64

● Comment tu t'appelles ?
○ Anna Bellano.
● Tu as un numéro de téléphone ou une adresse électronique ?
○ Une adresse électronique : annabellano@u7.com. J'épelle : A, deux N, A, B, E, deux L, A, N, O, arobase, U, sept, point, com.
● Pourquoi tu apprends le français ?
○ Pour étudier en France.

11. PARLEZ-VOUS FRANÇAIS ?

A. Regardez cette carte. Dans combien de pays le français est-il parlé ? Le français est langue maternelle dans combien de pays ?

Paris

Québec

Bruxelles

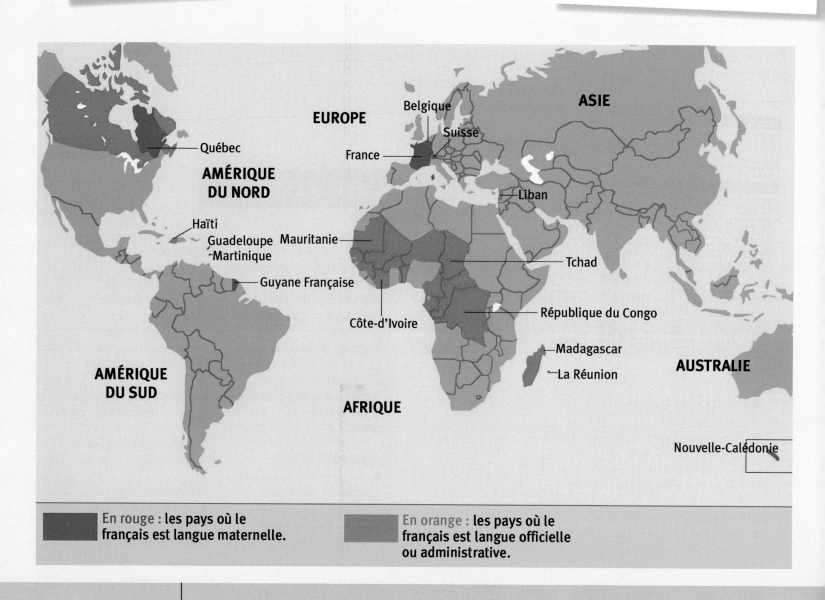

Québec

AMÉRIQUE DU NORD

EUROPE

Belgique

Suisse

France

ASIE

Liban

Haïti

Guadeloupe

Martinique

Mauritanie

Tchad

Guyane Française

République du Congo

Côte-d'Ivoire

Madagascar

La Réunion

AUSTRALIE

AMÉRIQUE DU SUD

AFRIQUE

Nouvelle-Calédonie

En rouge : **les pays où le français est langue maternelle.**

En orange : **les pays où le français est langue officielle ou administrative.**

LE FRANÇAIS DANS LE MONDE

En Europe, on parle français dans quatre pays : en **Belgique**, au **Luxembourg**, en **Suisse** et en **France**. On parle français dans ces quatre pays mais de manières différentes et avec des accents différents. Pourtant, ces différences n'empêchent pas la communication.

Pour des raisons historiques (immigrations, colonisations) le français est également parlé sur d'autres continents. On parle français en **Afrique du Nord et de l'Ouest**, en **Asie du Sud-Est** et en **Amérique du Nord**. En raison de la distance et des influences culturelles diverses, le français parlé sur ces continents peut être très différent. Parfois, des francophones d'origines différentes peuvent même avoir des difficultés à se comprendre.

B. Lisez le texte précédent et découvrez sur quels continents on parle français.

12. TOUT LE MONDE NE PARLE PAS FRANÇAIS DE LA MÊME MANIÈRE

Trois femmes d'origines différentes donnent leurs coordonnées à la secrétaire. Écoutez les trois versions de la conversation. Votre professeur pourra vous dire d'où vient chacune d'elles : du Québec, du Sud-Ouest de la France ou de Paris.

a. ....

b. ....

c. ....

Comment vous appelez-vous?

ELLE EST TRÈS SYMPA

Nous allons placer à table les invités à un repas de mariage.

Pour cela nous allons apprendre :

- ◆ à demander et donner des informations sur les personnes
- ◆ à exprimer notre opinion sur les autres

Et nous allons utiliser :

- ◆ *c'est, il/elle est*
- ◆ les adjectifs qualificatifs au masculin et au féminin
- ◆ les adjectifs de nationalité au masculin et au féminin
- ◆ les nombres jusqu'à 69
- ◆ les verbes *être* et *avoir* au présent
- ◆ les verbes en *–er* au présent
- ◆ la négation *ne/n'... pas*
- ◆ les adjectifs possessifs
- ◆ les liens de parenté

2

Elle est allemande.
Elle a 26 ans.
Elle est traductrice.

Dorothea

Xavier

Marta

Bruno

1. QUI EST QUI ?

A. Vous ne connaissez pas ces personnes mais vous pouvez essayer de deviner la nationalité, l'âge et la profession de chacune d'elles. Avec un autre étudiant complétez leurs fiches.

> Il est italien.
> Elle est française.
> Elle est allemande.
> Elle est espagnole.
> Il est japonais.
> Il est français.

> Il est musicien.
> Elle est étudiante.
> Elle est traductrice.
> Elle est peintre.
> Il est cuisinier.
> Il est architecte.

> Il a 18 (dix-huit) ans.
> Elle a 40 (quarante) ans.
> Il a 55 (cinquante-cinq) ans.
> Elle a 15 (quinze) ans.
> Il a 38 (trente-huit) ans.
> Elle a 26 (vingt-six) ans.

Nicole

Tadaki

B. Maintenant, demandez au professeur si vos hypothèses sont correctes.

● Je crois que Nicole est étudiante.
○ Moi aussi, je crois qu'elle est étudiante.

2. DE QUI PARLENT-ILS ?

A. Écoutez ces conversations et regardez de nouveau les photos de l'Activité 1. À votre avis, de qui est-ce qu'on parle ?

1.
● Elle est très sympathique !
○ Oui, sympathique et intelligente.
● Très intelligente, c'est une excellente étudiante.
○ Mais elle est un peu timide.
● Pas du tout ! Elle est pas du tout timide ! C'est seulement une impression !

2.
● Il parle, il parle !
○ Oui, il est un peu bavard. Mais il est très amusant aussi !
● Très amusant et très agréable !
○ Oui, c'est un homme très agréable.

B. Soulignez les adjectifs des conversations précédentes. Pouvez-vous, par leur forme, les classer en adjectifs masculins et féminins ?

3. RUE FONTAINE D'AMOUR

A. Tous ces gens habitent rue Fontaine d'amour. Si vous regardez les images et lisez les textes, vous pouvez apprendre beaucoup de choses sur eux. Cherchez des gens qui ont les caractéristiques suivantes.

Un jeune garçon : ....

Une dame âgée : ....

Quelqu'un qui ne travaille pas : ....

Un célibataire : ....

Une personne qui étudie : ....

Quelqu'un qui fait du sport : ....

Quelqu'un qui n'est pas français : ....

Au numéro 1

SONIA GUICHARD
Elle a cinquante-huit ans.
Elle est assistante sociale.
Elle aime beaucoup les plantes.
Elle n'aime pas le bruit.

ALBERT GUICHARD
Il est retraité.
Il a soixante-cinq ans.
Il est sympathique et poli.
Il fait du bricolage.

Au numéro 2

GÜNTER ENGELMANN
Il est directeur d'une agence
bancaire.
Il est allemand.
Il a quarante-cinq ans.
Il collectionne les timbres.

JENNIFER LAROCHE-ENGELMANN
Elle a trente ans.
Elle travaille à la télévision.
Elle a deux enfants.

NATHALIE ENGELMANN
Elle a huit ans.
Elle va à l'école.
C'est une bonne élève.

DAVID ENGELMANN
Il a douze ans.
Il est très malin.
Il joue au football.

Au numéro 3

SYLVIE CUVELIER
Elle a quarante et un ans.
Elle est publicitaire.
Elle est très coquette, elle
aime beaucoup la mode.

FREDDY CUVELIER
Il travaille dans l'immobilier.
Il a quarante-quatre ans.
Il est dynamique, travailleur,
très ambitieux.
Il fait de l'escalade.

JEAN-MARC CUVELIER
Il a dix-neuf ans.
Il fait des études de géographie.
Il aime les grosses motos et
sortir avec ses copains.

Au numéro 4

PHILIPPE BONTÉ
Il a vingt-sept ans.
Il est canadien.
Il est professeur de
musique.
Il joue de la trompette.

Au numéro 9

MARC WIJNSBERG
Il est sculpteur.
Il est divorcé.
Il est sociable et très
bavard.
Il aime rire.

Au numéro 5

MARC LEFRANC
Il a trente-trois ans.
Il est dentiste.
Il est très cultivé et un peu
prétentieux.
Il aime l'art contemporain.

Au numéro 8

ANNE-MARIE FLABAT
Elle est informaticienne.
Elle aime les animaux.
Elle a un chien et un chat.

JUSTINE FLABAT
Elle a vingt-sept ans.
Elle fait des études
d'infirmière.
Elle aime la danse
moderne.

Au numéro 7

JAMAL YACOUB
Il est journaliste.
Il est jeune, il est beau, il
est célibataire.
C'est un excellent percus-
sionniste.

Au numéro 6

BARBARA PINCHARD
Elle a soixante-neuf ans.
Elle est veuve.
C'est une dame très gentille.
C'est une excellente cuisinière.

 B. Écoutez ces conversations entre deux voisines.
Elles parlent de qui ? Qu'est-ce qu'elles disent ?
Avec un autre étudiant, complétez le tableau suivant.

ELLES PARLENT DE...	IL/ELLE EST, ILS/ELLES SONT
1	
2	
3	
4	

4. DES GENS CÉLÈBRES

Travaillez par groupes de deux ou trois. Trouvez...

une actrice française
un footballeur brésilien
un homme politique allemand
un sportif espagnol

une chanteuse islandaise
un scientifique européen
un peintre français
un personnage historique italien

● Une actrice française.
○ Isabelle Huppert.

■ Elle est française ?
● Oui, je crois.

5. EUROPÉEN, EUROPÉENNE

Voici une carte de l'Europe. D'abord, associez le nom du pays aux adjectifs correspondants. Essayez ensuite de compléter la liste.

1. espagnol espagnole	**4.** suédois suédoise	**7.** luxembourgeois	**10.** russe	**13.** .... finlandaise
2. italien italienne	**5.** belge belge	**8.** anglais* anglaise	**11.** .... allemande	**14.** .... danoise
3. portugais portugaise	**6.** grec grecque	**9.** autrichien	**12.** .... hollandaise	**15.** .... hongroise

*On devrait dire **britannique**, mais généralement on dit **anglais** !*

6. VOTRE PAYS ET VOTRE VILLE

Connaissez-vous le nom de votre pays et de ses habitants en français ? Si vous ne le savez pas, demandez à votre professeur, demandez-lui aussi le nom de votre ville, il est peut-être différent en français.

● Comment on dit « Roma » en français ?
○ Rome.

ÊTRE : LE PRÉSENT

je **suis**	nous **sommes**
tu **es**	vous **êtes**
il/elle/on **est**	ils/elles **sont**

QUALIFIER / PRÉSENTER

*Jamal Yacoub **est** jeune et beau.*
***C'est** un excellent percussionniste.*

● *Qui est Ronaldinho ?*
○ *C'est un footballeur brésilien.*

ADJECTIFS

	MASCULIN	FÉMININ
consonne/+ e	excellent	excellente
voyelle/+ e	réservé	réservée
eux/euse	prétentieux	prétentieuse
eur/euse	travailleur	travailleuse
e	sympathique	

*Il est **très** ambitieux.*
*Elle est **un (petit) peu** timide.**
*Il n'est **pas (très)** sympathique.*
*Elle n'est **pas du tout** aimable.*

* Attention ! On utilise **un (petit) peu** avec un adjectif à valeur négative :

~~Un (petit) peu~~ sympathique.

L'ÂGE

● *Tu as quel âge ?*
 Vous avez quel âge ?
● *Vingt-cinq ans.*
 J'ai vingt-cinq ans.

AVOIR : LE PRÉSENT

j'**ai**	nous **avons**
tu **as**	vous **avez**
il/elle/on **a**	ils/elles **ont**

LES NOMBRES DE 12 À 60

12 douze	**20** vingt	**28** vingt-huit
13 treize	**21** vingt et un	**29** vingt-neuf
14 quatorze	**22** vingt-deux	**30** trente
15 quinze	**23** vingt-trois	**31** trente et un
16 seize	**24** vingt-quatre	**32** trente-deux
17 dix-sept	**25** vingt-cinq	**40** quarante
18 dix-huit	**26** vingt-six	**50** cinquante
19 dix-neuf	**27** vingt-sept	**60** soixante

1. Écrivez les chiffres de 0 à 12 en toutes lettres.

2. Conjuguez le verbe être (to be)

je   nous

tu   vous

il/elle/on   ils/elles

3. Conjuguez le verbe s'appeler (to be called/named)

je   nous

tu   vous

il/elle/on   ils/elles

4. Quel est le genre (masculine ou féminin) des pays suivants? Écrivez l'article défini qui convient.

___ Portugal   ___ Suisse

___ Luxembourg   ___ Italie

oral and written tests

L'ÉTAT CIVIL

Je suis
| célibataire
| marié(e)
| divorcé(e)
| veuf/veuve

● *Tu es marié(e) ? / Vous êtes marié(e) ?*
○ *Non, je suis célibataire.*

LA PROFESSION

● *Qu'est-ce que tu fais dans la vie ?*
  Qu'est-ce que vous faites ?
○ *Je suis* informaticien.
  Je travaille dans une banque.
  Je fais des études de littérature.

VERBES DU PREMIER GROUPE : LE PRÉSENT

TRAVAILLER
je travaill**e**	nous travaill**ons**
tu travaill**es**	vous travaill**ez**
il/elle/on travaille	ils/elles travaill**ent**

LA NÉGATION

Je **ne** travaille **pas**.
Il **n'**est **pas** français.

À l'oral et dans un registre familier, on dit :
Il travaille **pas**.
Il est **pas** français.

S'ADRESSER À QUELQU'UN

Bonjour, **Madame** (Leclerc) !
Bonjour, **Mesdames** (Leclerc et Renaud) !
Bonjour, **Monsieur** (Duhamel) !
Bonjour, **Messieurs** (Duhamel et Renaud) !

SE RÉFÉRER À QUELQU'UN
(PAR LE NOM DE FAMILLE)

Monsieur et **Madame** Laffont sont belges.
Mademoiselle Flabat est célibataire.

Attention !
*C' est une **dame** très aimable.* (~~madame~~)
*C' est une **(jeune) fille** très belle.* (~~mademoiselle~~)

LES LIENS DE PARENTÉ

mon père **ma** mère	**mes** parents
ton frère **ta** sœur	**tes** frères et sœurs
leur fils **leur** fille	**leurs** enfants

---

7. L'ARBRE GÉNÉALOGIQUE

A. Irène parle de sa famille, écoutez-la et complétez son arbre généalogique.

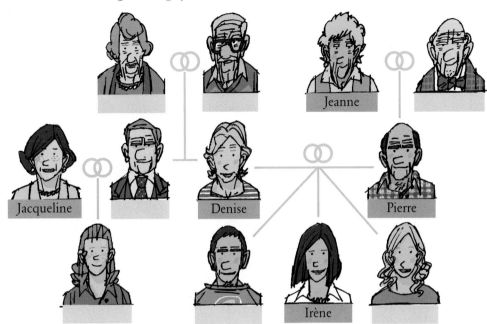

Jeanne

Jacqueline · Denise · Pierre

Irène

B. Comparez maintenant vos réponses avec celles d'un autre étudiant.

8. VOTRE FAMILLE

D'abord, faites l'arbre généalogique familial. Une suggestion : dessinez les visages de tous les membres de la famille ! Ensuite, présentez votre famille à un autre étudiant.

● Là, c'est moi.
○ Et là, c'est ton frère ?
■ Oui, c'est mon frère, Michaël. Il a 21 ans.
● Qu'est-ce qu'il fait ?
○ Il fait des études de commerce.

9. VOS GOÛTS ET VOS ACTIVITÉS

A. Travaillez par groupes de trois. Chacun de vous fait trois affirmations. Les deux autres doivent décider si c'est vrai ou faux.

ÉTUDIER	**JOUER**	**AIMER**
l'anglais	au football	danser
l'histoire	au tennis	chanter
la sociologie	aux échecs	sortir le soir
les mathématiques	aux cartes	faire du théâtre
la géographie	de la guitare	faire la fête
les langues étrangères	du piano	la musique
	de l'accordéon	les voyages
		aller au cinéma
		faire de la natation

● Moi, je joue du piano !
○ Oui, (je crois que) c'est vrai !
■ Non, (je crois que) ce n'est pas vrai !

B. Vous savez maintenant ce que vos camarades aiment et font ? Racontez-le à toute la classe !

● Olga étudie l'anglais, elle joue au tennis et elle n'aime pas danser.

TÂCHE CIBLÉE

10. LES INVITÉS À UN MARIAGE

A. Irène et Thierry se marient. Au mariage il y a au total 23 personnes (les mariés, leurs parents et 17 invités). Pouvez-vous les identifier ?

Irène & Thierry

C'est avec joie que nous vous invitons à assister à notre mariage qui aura lieu samedi 6 juin à onze heures à la mairie de Rozay-en-Brie

FAMILLE LAFFONT

Le marié: **Thierry Laffont**
La mère du marié: **Colette Laffont**
Le père du marié: **Jean-Luc Laffont**

Leurs invités :

1. Éric Laffont, frère du marié, 30 ans, célibataire, skipper, deux tours du monde en voilier. Il parle français et un peu d'anglais.

2. Catherine Potier, tante du marié, 40 ans, femme au foyer. Elle parle seulement français.

3. Daniel Potier, époux de Catherine, 52 ans, directeur commercial dans une multinationale. Il aime faire du camping. Il parle français et assez bien l'anglais.

4. Eugénie Potier, fille de Catherine et Daniel. Elle a 12 ans, elle est sympathique et ouverte, elle s'intéresse à tout.

5. Sylvie Laffont, cousine de Jean-Luc Laffont, 46 ans, travaille dans une agence de voyage, militante écologiste. Elle parle français, anglais et espagnol.

6. Federico Sordi, 34 ans, italien, ami du marié. Il aime beaucoup voyager.

7. Isabella Manzoni, italienne, 31 ans, mariée avec Federico. Elle ne parle pas français.

8. Marc Wijnsberg, ami d'enfance de Thierry Laffont, 35 ans, divorcé, sculpteur postmoderne. Très sociable, très bavard. Il parle français et anglais.

ANTISÈCHE

Irène et Thierry sont à la table d'honneur.
Monsieur et Madame Duval sont **à côté de** Thierry.

Éric Laffont est à la table numéro 1 **avec...**
parce que/qu' ils ont **le même** âge.
la même profession.
les mêmes goûts.

tous les deux parlent anglais.

FAMILLE DUVAL

La mariée : **Irène Duval**
Sa mère : **Denise Duval**
Son père : **Pierre Duval**

Leurs invités :

9. Bertrand Duval, grand-père de la mariée, 69 ans, veuf, ancien capitaine de la marine marchande. Il lit le *National Geographic* en anglais.

10. Paul Duval, frère de la mariée, 26 ans, célibataire, étudiant en médecine, aime les courses automobiles et fait de la moto. Il parle français et anglais.

11. Isabel Gomes, 22 ans, portugaise, petite amie de Paul, étudiante infirmière à Porto. Elle parle portugais, espagnol, anglais et un peu de français.

12. Marion Duval, sœur de la mariée, 22 ans, célibataire, étudiante en journalisme, s'intéresse aux sciences de la terre. Elle parle français et anglais.

13. Marcel Lepont, oncle maternel de la mariée, 49 ans, employé de banque, joue du saxo. Il parle français et assez bien l'anglais.

14. Jacqueline Lepont, épouse de Marcel, 48 ans, institutrice, elle aime beaucoup les enfants.

15. Pascale Riva, 28 ans, amie de la mariée, célibataire, extravertie. Elle fait du théâtre. Elle parle français et un peu d'italien.

16. Nicole Nakayama, 29 ans, amie d'enfance de la mariée, timide, aimable, professeur de japonais à l'université. Elle parle français, anglais et japonais.

17. Toshio Nakayama, 35 ans, japonais, époux de Nicole.

B. Comparez vos réponses avec celles d'une autre personne de la classe.

11. LE REPAS DE MARIAGE

A. Les deux familles se demandent comment placer les invités à table pour le repas de mariage. Écoutez la conversation d'Irène et de Thierry pour obtenir plus d'informations sur les invités.
B. Travaillez par petits groupes. À quelle table allez-vous les placer ?
C. Vous devez expliquer et justifier votre distribution à toute la classe.
D. Et vous ? Imaginez que vous êtes invité à ce mariage. À côté de qui vous voulez vous asseoir ? Pourquoi ?

PORTFOLIO

Table d'honneur
Les mariés et leurs parents

Table n° 1
....
....
....
....
....
....
....

Table n° 2
....
....
....
....
....

Table n° 3
....
....
....
....
....
....

12. OÙ SONT PAPA ET MAMAN ?

Voici un texte sur les différents modèles de famille en France. Et dans votre pays, quel est le modèle le plus fréquent ?

LES FAMILLES EN FRANCE

Pierre, trois ans, a deux demi-sœurs et deux demi-frères. Comme un enfant sur trois en France, Pierre est né dans une famille recomposée. Vingt pour cent des familles aujourd'hui ne correspondent plus au schéma traditionnel de famille: le père, la mère et les enfants.

Aujourd'hui, en France, il n'y a plus un seul modèle de famille, mais plusieurs.

■ **La famille nucléaire ou traditionnelle :** deux parents avec un ou plusieurs enfants biologiques ou adoptés.

■ **La famille élargie :** parents, enfants, tantes, oncles, grands-parents.

■ **La famille recomposée :** parents divorcés, remariés, vivant avec les enfants d'un ou deux mariages précédents et les enfants de leur union actuelle.

■ **Le couple sans enfants.**

■ **La famille monoparentale :** un parent unique (souvent la mère) vivant avec un ou plusieurs enfants.

■ **L'union libre :** familles semblables aux autres modèles mais sans mariage légal.

■ **Les familles pacsées :** le pacte civil de solidarité pour les couples qui veulent formaliser leur union (au niveau juridique) sans se marier.

■ **Les familles homoparentales :** un couple du même sexe avec des enfants.

Famille monoparentale

Couple sans enfants

Famille recomposée

Famille nucléaire

EN ROUTE !

allons organiser
vacances en groupe.

cela nous allons
ndre :

xprimer nos goûts
nos préférences
arler des lieux où nous
sons nos vacances

us allons utiliser :

articles indéfinis
a et *il n'y a pas de*
ronom indéfini *on*
verbe *faire*
articles partitifs *du,*
la, de l', des
moyens de transports
ir envie de
verbe *préférer*
oi) aussi, (moi) non,
oi) non plus
exique lié aux loisirs
saisons, les mois

PARIS
● ses musées
● sa vie nocturne
● ses boutiques chic

POITIERS
● son Futuroscope
● ses édifices romans

BORDEAUX
● sa gastronomie
● ses vins
● son Grand-Théâtre

AVIGNON
● ses ponts
● son festival de théâtre

CARCASSONNE
● sa cité médiévale
● le Canal du Midi

1. LES VACANCES EN FRANCE

Regardez ce poster de la France. Qu'est-ce qu'on peut faire dans ces villes ?

bronzer et se baigner

sortir la nuit

voir des spectacles

visiter un parc thématique

visiter des musées

faire de la planche à voile

faire du VTT (vélo tout terrain)

faire du shopping

faire de la randonnée

voir des monuments historiques

bien manger

faire du ski

STRASBOURG
- ses ponts couverts
- sa cuisine alsacienne

CHAMONIX
- ses pistes de ski
- son air pur
- ses montagnes

NICE
- son climat ensoleillé
- ses plages

- À Chamonix, on peut faire du ski.
- Et à Nice, on peut bronzer et se baigner.

2. CENTRES D'INTÉRÊT

Estelle, Luc et Sylvain parlent de leurs activités préférées.

A. Écoutez et notez ce que chacun aime faire, puis comparez vos réponses avec un autre étudiant.

> Estelle aime...
> Luc aime...
> Sylvain aime...

B. Et vous, quelles sont vos trois activités préférées ? Parlez-en avec deux autres étudiants.

- Moi, j'aime beaucoup sortir la nuit, bien manger et faire du VTT.
- Moi, j'aime beaucoup ...

EN CONTEXTE

3. UN SONDAGE SUR VOS VACANCES

A. Le magazine *Évasion* a publié ce petit sondage pour connaître nos habitudes en matière de vacances. Répondez-y.

Vous préférez passer vos vacances...	☐ en famille	☐ en couple	☐ avec des amis	☐ seul/e
Quand est-ce que vous aimez partir ?	☐ en été	☐ en automne	☐ en hiver	☐ au printemps
Où est-ce que vous aimez aller en vacances ?	☐ à la montagne	☐ à la mer	☐ dans des pays étrangers	☐ à la campagne
Qu'est-ce que vous aimez faire ?	☐ j'aime faire du sport	☐ j'aime le calme	☐ j'aime connaître des cultures différentes	☐ j'aime l'aventure
Vous aimez voyager...	☐ en voiture	☐ en train	☐ à moto	☐ en avion

B. Faites de petits groupes pour échanger vos idées.

● Moi, en été, j'aime aller à la plage avec des amis. Et toi ? Qu'est-ce que tu aimes faire ?
○ Moi, j'aime les parcs thématiques.
■ Ah, alors tu peux aller à Paris ou à Poitiers pour tes prochaines vacances.

4. LES VACANCES DE RICHARD, DE JULIEN ET DE NICOLAS

A. D'abord regardez les photos de Richard, de Julien et de Nicolas. Voici trois phrases qui résument leur conception des vacances. À votre avis, qui aime quoi ?

Connaître des pays étrangers : ....

Des vacances en famille, à la montagne : ....

Des vacances tranquilles au bord de la mer : ....

B. Maintenant, écoutez Richard, Julien et Nicolas qui parlent de leurs vacances. Qu'apprenez-vous de nouveau ?

	SAISON DE L'ANNÉE	PAYS	ACTIVITÉS	MOYEN DE TRANSPORT
Richard				
Julien				
Nicolas				

5. CHERCHE COMPAGNON DE VOYAGE

VOYAGE EN 4x4 :
TOUTE UNE EXPÉDITION !

TU AIMES L'AVENTURE ET LES VOITURES ?
TU ES LIBRE TOUT L'ÉTÉ (juillet, août, septembre)
TU VEUX VOYAGER EN AFRIQUE AUTREMENT ?

Voyage différemment avec nous
au NIGER et en MAURITANIE.
AVION + JEEP

INTÉRESSÉ·E ? Appelle le 0442648494
ou contacte-nous par mél à jex@woof.com

CHÂTEAUX DE LA LOIRE 499€

2 nuits d'hôtel (**)
Transport en autocar

Circuit classique :
Chenonceau, Chambord,
Azay le Rideau
+ dégustation de vins de la Loire
Tél. 01 85 87 87 22

4 jours en skidoo au Québec

L'aventure du Grand Nord et le vertige de la vitesse.
À 100 km à l'heure sur la piste de l'hiver : des sensations toniques !

Y aller : avec Air Canada. Idéal en février et mars.

Randonnée en motoneige : 237 dollars canadiens par jour pour 1 personne, 262 dollars pour 2. Forfaits sur plusieurs jours.

Motosports à la Malbaie. Tél. : 00 418 665 9 927

Dormir : au Fairmont Manoir Richelieu. 146 dollars la chambre (avec motoneige, à partir de 336 dollars). www.fairmont.com

A. Vous préparez vos vacances. Vous avez trouvé ces quatre petites annonces qui vous proposent quatre voyages complètement différents.
À l'aide de ces phrases, choisissez l'annonce qui vous intéresse le plus.

LE SOLEIL, LA MER ET LE CALME

OFFRE EXCEPTIONNELLE
Appartement avec piscine, très bon marché à Roquebrune–Cap-Martin, sur la Côte d'Azur.
Pour 5 personnes, en basse saison (avril, mai, juin).

1200 € la semaine

Voyages Solexact
Tél. : 04 94 55 33 54

PRÉFÉRENCES
Je préfère...
  le voyage en Afrique.
  l'appartement à Roquebrune.
  la randonnée en motoneige.
  autre chose : ....

MOTIVATIONS
J'aime ...
  l'aventure.
  les voyages organisés.
  le calme.
  autre chose : ....

J'ai envie de/d' ...
  connaître l'Afrique.
  soleil.
  passer des vacances tranquilles.
  autre chose : ....

B. Maintenant, par groupes de trois, vous pouvez parler de vos préférences et de vos envies.

● Moi, je préfère l'appartement à Roquebrune. J'aime la plage.
○ Eh bien, moi, je préfère le voyage en Afrique parce que j'ai envie de connaître la Mauritanie.

6. WWW.OROQUES.FR

A. Si vous allez en vacances dans le sud de la France, vous pouvez trouver de petites villes comme celle-ci, qui est imaginaire.

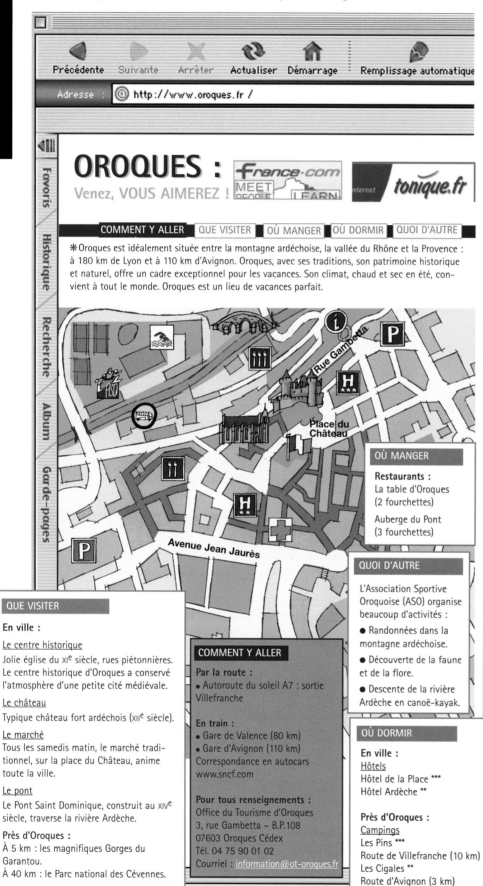

IL Y A / IL N'Y A PAS, OÙ EST ... ?

	SINGULIER	PLURIEL
Il y a	**une** pharmacie. **un** office de tourisme.	**des** magasins. **deux** restaurants **plusieurs** hôtels.
Il n'y a pas	**de** pharmacie. **d'**office du tourisme. **de** magasins.	

● *Pardon Monsieur, est-ce qu'**il y a** une pharmacie près d'ici ?*
○ *Oui, sur la Place de l'Église.*

■ *Pardon Madame, où est l'office du tourisme ?*
❏ *Dans la rue Gambetta.*

LE PRONOM INDÉFINI **ON**

On permet de ne pas préciser qui fait l'action :

*   **On** mange très bien dans ce restaurant.

*   Au Québec, **on** parle français.

● *Qu'est-ce qu'**on** peut faire à Oroques ?*
○ *Beaucoup de choses : du canoë-kayak, des randonnées, goûter les spécialités locales.*

PARLER DE SES GOÛTS

*   Moi, **j'aime beaucoup** sortir avec mes amis.

*   Moi, **je n'aime pas beaucoup** visiter des monuments et **je n'aime pas du tout** les musées.*

*Devant a, e, i, o, u, y et h muet, **ne** devient **n'**.

● *Est-ce que **vous aimez** la plage ?*
○ *Un peu, mais pour les vacances, **je préfère** la montagne.*

● *J'aime beaucoup le football.*
○ *Moi aussi.*
■ *Moi non, je n'aime pas du tout.*
❏ *Moi non plus, je n'aime pas le football.*

EXPRIMER UN DÉSIR

*   **J'ai envie de** connaître l'Afrique.
*   **J'ai envie de** soleil.

ES ACCENTS

ccent aigu (´) é
ccent grave (`) è, à, ù
ccent circonflexe (^) â, ê, î, ô, û

es accents sur la lettre **e** modifient l'ouverture de
ette voyelle.

se prononce [ə]
se prononce [e]
et **ê** se prononcent [ɛ]

ARLER DE SES ACTIVITÉS
T DE SES LOISIRS

● *Qu'est-ce que tu* **fais** *en vacances ?*
○ *Du sport, beaucoup de sport : de la natation,*
du VTT, des randonnées etc.

Qu'est-ce que tu fais le week-end ?

Je fais de la natation.

AIRE : LE PRÉSENT

e **fais** du piano.
u **fais** de la cuisine.
/elle/on **fait** de la peinture.
ous **faisons** du shopping.
ous **faites** des voyages.
s/elles **font** de l'équitation.

ES ARTICLES PARTITIFS

	MASCULIN	FÉMININ
SINGULIER	**du** piano	**de la** peinture
	de l'équitation	
PLURIEL	**des** randonnées	

Lisez ces renseignements sur Oroques et regardez bien le plan du
centre-ville. Qu'est-ce que vous pouvez situer sur le plan ?
Travaillez avec un autre étudiant.

● *Ça, c'est probablement l'office de tourisme, n'est-ce pas ?*
○ *Oui, je crois que oui.*
■ *Et ça c'est...*

B. Maintenant, faites ensemble 10 phrases à partir du texte et du
plan avec les structures suivantes. La première équipe qui écrit les
10 phrases gagne.

À Oroques, il y a .... , ... et ....
Près d'Oroques il y a .... , ... et ....
.... est sur ....
.... est dans ....
.... est près du/de la/de l'/des ....
.... est à ..... km de/d' ....

À Oroques, il y a un hôtel trois étoiles...

7. DEUX CLUBS DE VACANCES
De nombreuses personnes aiment passer leurs vacances dans des
clubs ou des « villages de vacances ». Lequel de ces deux clubs de
vacances est-ce que vous préférez ? Pourquoi ? Parlez-en ensemble.

● un bar
● une laverie automatique
● un minigolf
● un court de tennis
● une crèche
● une piscine
● un point argent (un dis-
  tributeur automatique)
● un sauna
● une plage
● une pharmacie
● un salon de coiffure
● une discothèque
● un restaurant
● une salle de sports

CLUB BIEN-ÊTRE

CLUB PAPAYE

8. UN ENDROIT QUE J'AIME BEAUCOUP
Pensez à un endroit où vous êtes allé(e) en vacances et que vous
aimez bien. Préparez individuellement une petite présentation :
Où est-ce ? Qu'est-ce qu'on y trouve ? Qu'est-ce qu'on peut y faire ?
Pourquoi est-ce que vous aimez cet endroit ? Etc.

● *Deauville est une petite ville de Normandie que j'aime beaucoup.*
○ *Pardon ? Où est-ce que c'est ?*
● *En Normandie, à 250 kilomètres de Paris. Il y a une grande*
plage et un casino. Il y a beaucoup de bons restaurants. J'aime
cet endroit parce que...

9. VACANCES EN GROUPE

A. Indiquez vos préférences.

Moyen de transport	Hébergement	Lieu	Intérêts
❏ en voiture	❏ l'hôtel	❏ la plage	❏ la nature
❏ en train	❏ le camping	❏ la montagne	❏ les sports
❏ en avion	❏ la location meublée	❏ la campagne	❏ les musées
❏ en auto-stop	❏ l'auberge de jeunesse	❏ la ville	et la culture
❏ à moto	❏ le gîte rural		❏ la vie nocturne

B. Exprimez vos préférences et écoutez bien ce que chacun dit.
Notez le nom des personnes qui ont les mêmes préférences que vous.

● Moi, j'aime la nature et les sports. Alors,
je veux passer mes vacances à la campagne.
Je préfère voyager en voiture et dormir
dans un camping.

10. GROSPIERRES OU DJERBA ?

A. D'abord, formez des équipes en fonction du résultat obtenu
dans l'exercice précédent.

GROSPIERRES *Village de vacances*

Grospierres est un village médiéval transformé en village de vacances. Ici tout est pensé pour votre bien-être !

Vous faites du sport ? Vous avez envie de calme ? Vous aimez la nature ? Ici, il y a tout ce que vous cherchez !

ÉQUIPEMENTS : Restaurant gastronomique, court de tennis, piscine, hôtel trois étoiles, camping, gîtes ruraux, locations meublées.

À PROXIMITÉ : Le festival de jazz des Vans, le festival de musique classique de Labeaume, et la fête du vin à Ruoms en août.

Les grottes de la Basse Ardèche (la grotte Chauvet).

Des activités de plein air dans les gorges de l'Ardèche : canoë-kayak, spéléologie...

DJERBA

Hôtel
la lumière
IMAN

Découvrez la Tunisie, découvrez l'île de Djerba !

L'été, l'automne, l'hiver, le printemps : quatre saisons au soleil !
À seulement 3 heures d'avion de l'Europe, Djerba est une station de tourisme à 350 km au sud de Tunis.

Djerba est équipée de toutes les infrastructures modernes.
À Djerba, vous avez tous les plaisirs de la plage, mais, si vous le souhaitez, il y a aussi un monde d'aventures à votre portée : le grand désert saharien !

SITUATION : Situé directement sur la plage, l'hôtel Iman se trouve à environ 25 km de l'aéroport international de Houmt Souk.

HÉBERGEMENT : 110 Chambres (15 suites) avec balcon ou terrasse, air conditionné, mini bar. 20 bungalows tout confort, aménagés pour 4 à 6 personnes. Accès direct à une plage privée.

RESTAURATION : Restaurant, crêperie, bar-pizzeria.

AUTRES SERVICES : Grande piscine extérieure, piscine couverte, centre fitness, sauna, salon de coiffure et boutiques. 3 courts de tennis, minigolf, sports aquatiques, terrain de golf de 18 trous à 2 km de l'hôtel.

Adresse de l'hôtel : rue Iman, 4180 - Djerba
Pour réserver : Tél. (+2 16 75) 630 186

B. Pour vos vacances en groupe, vous pouvez choisir entre Grospierres et Djerba. Lisez ces annonces et choisissez une destination.

- Moi, je préfère le voyage à Djerba. J'aime beaucoup les plages et le soleil.
- Moi, je préfère aller à Grospierres. Là il y a le soleil et le calme.
- Moi aussi, je préfère Grospierres.
- Eh bien, allons à Grospierres.

ANTISÈCHE

- Moi, je préfère partir en avril parce que j'ai une semaine de vacances au printemps.
- Moi, j'ai des vacances en août.

- Moi, je préfère loger / dormir dans un hôtel.
- Moi, je préfère aller dans un camping.

- J'ai envie de | faire du sport (du tennis, de la randonnée...). faire une sortie dans le désert. visiter un château fort.

C. Vous devez ensuite vous mettre d'accord sur les dates, le type d'hébergement et les activités.

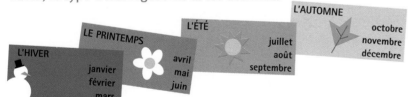

L'AUTOMNE — octobre novembre décembre
L'ÉTÉ — juillet août septembre
LE PRINTEMPS — avril mai juin
L'HIVER — janvier février mars

D. Chaque groupe explique à la classe son choix et les raisons de son choix.

Notre projet est	d'aller à ....
	de partir le .... et de revenir le ....
Nous voulons	loger / dormir dans ....
	passer un jour / ... jours à ....
Nous préférons	visiter / connaître ....
... parce que	nous aimons ....
	nous avons envie de ....

11. CARTE DE FRANCE

Regardez cette carte. Qu'est-ce que vous reconnaissez
(des régions, des villes, des monuments, des traditions...) ?

12. SUR LE PONT D'AVIGNON, L'ON Y DANSE, L'ON Y DANSE...

A. Vous connaissez cette célèbre chanson populaire française ? Écoutez-la !

Sur le pont d'Avignon
L'on y danse, l'on y danse
Sur le pont d'Avignon
L'on y danse tous en rond
Les belles dames font comme ça
Et puis encore comme ça
Les beaux messieurs font comme ça
Et puis encore comme ça

B. Ensuite lisez l'information de l'Office de Tourisme d'Avignon. Est-ce que vous pouvez situer Avignon sur la carte ?

Le Pont Saint Bénezet

Avignon ⓘ 41, cours Jean Jaurès, *04 32 74 32 74.*

Très célèbre grâce à la chanson populaire, le Pont Saint Bénezet est le plus vieux pont construit sur le **Rhône**.

Il date du XIIᵉ siècle. Aujourd'hui, il reste seulement une partie du pont.

LEVEZ UNE JAMBE !

...s cette unité, nous
...s élaborer un
...e pour mieux vivre.

...cela nous allons
...ndre :

...arler de nos habitudes
...otidiennes et de leur
...luence sur notre santé
...onner des conseils,
...re des suggestions et
...s recommandations

...us allons utiliser :

... verbes au présent
... verbes pronominaux
... adverbes de fré-
...ence : *toujours, sou-
...t, quelquefois, jamais*
... adverbes de quantité :
...aucoup, trop, peu*
...npératif
... formes imperson-
...les : *il faut* + infinitif,
...st nécessaire de* +
...initif
...question totale :
...-ce que... ?*

1. POUR ÊTRE EN FORME

A. Dans cette liste, il y a de bonnes habitudes pour être en forme et d'autres qui sont mauvaises. Signalez vos bonnes habitudes (+) et vos mauvaises habitudes (–). Vous pouvez aussi en ajouter d'autres.

❏ Je prends toujours le bus pour me déplacer.

❏ Je fais de la natation.

❏ Je mange beaucoup de légumes frais.

❏ Je prends un bon petit-déjeuner.

❏ Je sors jusqu'à très tard tous les week-ends.

❏ Je dors peu.

❏ Je ne bois jamais de lait.

❏ Je mange beaucoup de sucreries.

❏ Je fume.

❏ Je ne mange pas de fruits.

❏ Je ne bois pas d'eau.

❏ Je ne mange pas de poisson.

❏ Je mange beaucoup de viande.

❏ Je me couche tard.

❏ Je mange souvent dans des fast-foods.

❏ Je marche beaucoup.

❏ Je travaille beaucoup sur mon ordinateur.

❏ Je fais du sport en plein air.

❏ ....

❏ ....

B. Comparez vos habitudes avec deux autres personnes de la classe. Cherchez les habitudes que vous avez en commun.

● Moi, je fais de la natation et je mange beaucoup de légumes frais.
○ Moi aussi je fais de la natation, mais je dors peu.
■ Eh bien moi, je prends un bon petit-déjeuner et je marche beaucoup.

C. Dites maintenant au reste de la classe quelles habitudes vous avez en commun.

● Tous les trois, nous nous couchons trop tard et ...

2. DÉTENDEZ-VOUS !

A. Le magazine *Ta Santé* suggère des exercices de relaxation. Si vous lisez les textes et regardez les images de ces deux pages, vous pourrez découvrir les noms des différentes parties du corps.

TA SANTÉ

IL FAUT *SE DÉTENDRE* !

Selon une étude du Ministère de la Santé, 80% des Français sont mal au dos... Rien d'étonnant si on considère que la majorité de nos concitoyens passent en moyenne sept heures par jour assis sur une chaise, au travail ou à l'école.

Pourtant, même assis, on peut faire de l'exercice physique. Voici quelques mouvements faciles à réaliser en classe ou au bureau.

3 Levez et tendez la jambe droite. Tirez la pointe du pied en direction de votre tête. Détendez la jambe. Recommencez avec la jambe gauche.

d ....

e ....

4

5 Fermez les yeux. Tirez tous les muscles du visage vers le haut. Contractez aussi le nez et la bouche. Finalement, décontractez et observez les sensations.

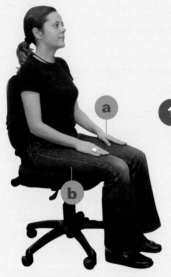

1 Asseyez-vous sur une chaise, posez les mains sur les jambes.

a ....

b ....

6 ....
....
....
....
....
....
....

2 Levez le bras droit et fermez la main. Tendez le bras, ensuite détendez-le. Recommencez avec le bras gauche.

c ....

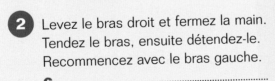

Fermez les mains et mettez les bras derrière la tête. Tendez les muscles du dos.

f ....

g ....
h ....
i ....

B. Et maintenant, vous pouvez écrire le texte pour l'image 6.

C. D'après vous, quelles activités physiques sont bonnes pour... ?

(1) **les jambes** (2) **le cœur** (3) **le dos** (4) **perdre du poids**

la marche à pied   le basket-ball   le football
la natation   le cyclisme   le handball
l'athlétisme   l'escrime   la voile
le badminton   la gymnastique   le pentathlon

● *La marche à pied est bonne pour tout : pour les jambes, pour...*

3. EST-CE QU'ILS FONT DU SPORT ?

A. Écoutez les interviews. Est-ce que toutes les personnes interrogées font du sport ? Si oui, quel sport ?

Interviewé/e nº	Non	Oui	Quel sport ?
1			
2			

Interviewé/e nº	Non	Oui	Quel sport ?
3			
4			
5			

Interviewé/e nº	Non	Oui	Quel sport ?
6			
7			
8			

B. Préparez maintenant quatre questions pour interroger une autre personne de la classe et savoir si elle est sportive. Ensuite, communiquez l'information au reste de la classe.

● *Tino est très sportif. Il joue au tennis deux fois par semaine, il fait du ski en hiver et il fait de la planche à voile en été.*

4. GYM EN DOUCEUR

A. Voici un espace pour créer un exercice physique tonifiant. Par deux, imaginez une séquence de gestes à partir de la première illustration. D'abord, dessinez quatre figures simples et rédigez les consignes sous chaque figure. Vous pouvez utiliser un dictionnaire ou demander à votre professeur.

B. Ensuite dictez vos consignes à deux autres étudiants qui doivent exécuter les gestes en même temps.

C. Maintenant toute la classe vote : quelle est la meilleure séquence ?

5. LE STRESS ET SES CAUSES

A. Beaucoup de gens souffrent de stress pour différentes raisons. Certaines sont dans cette liste. Mais vous en connaissez peut-être d'autres. Notez-les. Ensuite, interrogez un autre membre du groupe et notez ses réponses.

❏ Passer souvent des examens.

❏ Vivre dans un environnement bruyant.

❏ Manger à des heures irrégulières ou devant la télévision.

❏ Dormir peu.

❏ Travailler/étudier plus de 10 heures par jour.

❏ Penser souvent au travail/aux cours pendant le week-end.

❏ Se disputer fréquemment avec la famille, les amis ou les collègues.

❏ Avoir beaucoup de devoirs à faire après les horaires d'école.

❏ Avoir un budget limité.

● Est-ce que tu manges à des heures irrégulières ?
○ Non, je mange toujours à la même heure.

B. Vous croyez que votre interlocuteur souffre de stress ? Pourquoi ?

LE PRÉSENT DE L'INDICATIF

Verbes en -er

TRAVAILLER
je travaille
tu travailles
il/elle/on travaille
nous travaillons
vous travaillez
ils/elles travaillent

Verbes à deux bases phonétiques

DORMIR → **dor** → je dors, tu dors, il/elle/on dort
→ **dorm** → nous dormons, vous dormez, ils/elles dorment

SORTIR → **sor** → je sors, tu sors, il/elle/on sort
→ **sort** → nous sortons, vous sortez, ils/elles sortent

FINIR → **fin** → je finis, tu finis, il/elle/on finit
→ **finiss** → nous finissons, vous finissez, ils/elles finissent

Verbes à trois bases phonétiques

DEVOIR → **doi** → je dois, tu dois, il/elle/on doit
→ **dev** → nous devons, vous devez
→ **doiv** → ils/elles doivent

BOIRE → **boi** → je bois, tu bois, il/elle/on boit
→ **buv** → nous buvons, vous buvez
→ **boiv** → ils/elles boivent

PRENDRE → **prend** → je prends, tu prends, il/elle/on prend
→ **pren** → nous prenons, vous prenez
→ **prenn** → ils prennent

VERBES PRONOMINAUX

SE LEVER
je **me** lève
tu **te** lèves
il/elle/on **se** lève
nous **nous** levons
vous **vous** levez
ils/elles **se** lèvent

*Je dois **me lever** à 6 heures.*
*Le lundi, il faut **se lever** tôt.*
*Nous ne voulons pas **nous lever** trop tard.*

D'autres verbes pronominaux : **se coucher, se réveiller, se doucher, s'asseoir...**

LA QUANTITÉ

Je bois **peu d'eau.**
assez de lait.
beaucoup de sodas.
trop de café.

*Tu manges **beaucoup de** légumes ?*
*Non, mais je mange **assez de** fruits.*

LA FRÉQUENCE

toujours/souvent/quelquefois/rarement/jamais
le   lundi/mardi/mercredi/jeudi/vendredi/
     samedi/ dimanche
le matin/le midi/l'après-midi/le soir
tous les jours/mois/ans
toutes les semaines
chaque lundi/mardi…, semaine, mois, année
deux fois par semaine/mois

Vous allez souvent au club de sports ?

Moi, je n'y vais jamais.

Moi j'y vais quelquefois le week-end.

DONNER DES CONSEILS, RECOMMANDER

Personnel
Vous êtes très stressé, **vous devez** *vous détendre.*
Faites *du yoga !*
Mangez *plus de poisson et moins de viande.*

Impersonnel
Il faut *dormir 8 heures par nuit.*
Il est important de *faire de l'exercice.*
Il est nécessaire d'*avoir une alimentation variée.*

L'IMPÉRATIF

À l'impératif, il y a seulement trois personnes et on n'utilise pas les pronoms sujets :

	PRÉSENT DE L'INDICATIF	IMPÉRATIF
VERBES EN **-er**	tu jou**es** nous jou**ons** vous jou**ez**	jou**e** ! jou**ons** ! jou**ez** !
AUTRES VERBES	tu prend**s** nous pren**ons** vous pren**ez**	prend**s** ! pren**ons** ! pren**ez** !
VERBES PRONOMINAUX	tu te lèv**es** nous nous lev**ons** vous vous lev**ez**	lève-**toi** ! lev**ons-nous** ! lev**ez-vous** !

Attention :

AVOIR
aie ! ayons ! ayez !

ÊTRE
sois ! soyons ! soyez !

À la forme négative

Ne fume pas *ici !*
Ne prenons pas *ça !*
Ne vous levez pas *!*

6. BIEN MANGER POUR ÊTRE EN FORME !

A. Aujourd'hui, les gens ont une vie très sédentaire et les besoins alimentaires ne sont plus les mêmes qu'avant. Pour avoir une alimentation équilibrée, mieux adaptée à notre mode de vie, que faut-il manger, d'après vous ? Parlez-en à deux et remplissez ce tableau.

Il faut manger...

	graisses	viande	poisson	sucre	fruits	légumes
plus de						
moins de						

 B. Écoutez à présent le docteur Laporte et vérifiez vos connaissances en diététique !

C. Maintenant, interrogez une autre personne de la classe sur ses habitudes alimentaires. Vous pensez que cette personne a une alimentation saine et équilibrée ? Pourquoi ?

● Kevin, est-ce que tu manges du poisson ?
○ Oui, une fois par semaine.
● Et des fruits ?

7. DE TROP MAUVAISES HABITUDES POUR UNE VIE SAINE

Écoutez ce que disent ces personnes interrogées par Radio Centre et remplissez une fiche pour chacune.

VOUS PENSEZ QUE VOUS AVEZ UNE VIE SAINE ?

Il/Elle a une vie saine ?   ❑ Oui ❑ Non

Pourquoi ?...............................
....

Un conseil : Il/Elle doit ....

8. RÈGLES POUR VIVRE EN BONNE SANTÉ

Pour être en forme, trois choses sont importantes :
a. bien manger
b. faire de l'exercice physique
c. vivre sans stress

À laquelle de ces trois choses correspond chacune des règles suivantes ?

	a	b	c
Faire 10 minutes de sieste			
Rencontrer souvent ses amis			
Aller au cinéma			
Boire un bon vin			
Dormir 7 heures par nuit ou plus			
Contrôler son poids			
Faire du sport deux fois par semaine			
Prendre des vacances			
Avoir des horaires réguliers			
Marcher une heure chaque jour			
Manger du poisson une fois par semaine			
Être toujours de bonne humeur			
...			

PORTFOLIO

9. NOTRE GUIDE SANTÉ

A. Pour écrire un guide sur le thème de la santé, nous allons travailler par groupes de trois, mais avant, il faut faire une lecture individuelle. Chaque membre du groupe s'occupe d'un des trois textes suivants : il le lit, extrait les idées principales et remplit la fiche.

L'ALIMENTATION

Vous avez faim ? Alors mangez ! Certains diététiciens disent qu'on peut manger tout ce qu'on veut à condition d'avoir faim. Il est important aussi de manger à des heures régulières et il faut consommer beaucoup de fruits, de légumes et des aliments riches en fibres comme le pain et le riz complets. Mais faites attention aux sucres ! Ne mangez pas trop de viande non plus. Mangez plus de poisson. L'idéal est d'en manger trois fois par semaine . Le poisson est riche en protéines et contient peu de graisses. L'eau est la seule boisson indispensable, il faut en boire au moins un litre et demi par jour. Pour conclure, il faut insister sur le fait que chacun de nous possède un corps différent, et que se sentir bien et être en bonne santé ne signifie pas nécessairement être mince.

L'exercice physique

Aujourd'hui, dans nos sociétés, nous sommes très sédentaires. Par conséquent, une activité physique régulière et constante est vraiment conseillée. Pour se maintenir en forme, il suffit de faire un peu de marche tous les jours et une heure d'exercice plus intense par semaine. Le mieux, bien sûr, c'est de pratiquer différentes activités comme le vélo, le footing, la natation, etc. Il faut encore dire que le sport permet de faire travailler le cœur et les muscles, mais aussi de bien dormir.

NON AU STRESS !

✔ La meilleure façon de lutter contre le stress est de garder une attitude optimiste. Pour cela, l'estime de soi et les relations avec les autres sont fondamentales. Être optimiste est avant tout une attitude face aux difficultés et aux problèmes que nous rencontrons. Être capable de voir la vie de façon positive permet d'affronter le stress, de s'accepter et d'accepter les autres plus facilement. Un excellent moyen pour voir les bons côtés de la vie, c'est de rire ! Ce n'est pas toujours facile mais c'est possible. Essayez !

Titre du texte : ....

Idée principale : *Pour être en forme il faut* ....
....
....

Les raisons : ....
....
....

Comment y parvenir : ....
....
....

B. Les trois membres de chaque groupe exposent à tour de rôle les idées principales de leur texte. À partir de ces informations, vous décidez quelles sont les 10 idées les plus importantes. Mais peut-être que vous pensez à d'autres aspects importants pour bien vivre.

C. Nous élaborons notre guide pour vivre en forme. Le titre : *Dix attitudes pour mieux vivre*. L'introduction est déjà faite, il reste encore à formuler les conseils.

Dix attitudes
pour mieux vivre

Être équilibré physiquement et mentalement suppose quelques efforts, mais si on adopte avec conviction quelques attitudes positives, ces attitudes se transforment en habitudes et apportent une réelle qualité de vie. Comment ? Voici dix conseils essentiels :

1. Il faut ....
2. Il est important de ....
3. Vous devez ....
4. Mangez ....
5. ....
6. ....
7. ....
8. ....
9. ....
10. ....

LE TEMPS DES FRANÇAIS

Selon l'Institut National de la Statistique et des Études Économiques (Insee), une journée moyenne d'un Français se décompose en quatre temps :

❶ **le temps physiologique**
dormir, manger, se laver et se préparer

❷ **le temps domestique**
les courses, le ménage, la lessive

❸ **le temps libre**
les loisirs, les hobbies

❹ **le travail ou les études**

La moitié de la journée est consacrée au temps physiologique. Les travaux domestiques et les loisirs occupent respectivement quatre heures et quatre heures et demie de la journée. En revanche, le temps de travail et d'études varie fortement en fonction de l'âge et de la catégorie socioprofessionnelle de chaque individu.
En dix ans, le temps quotidien consacré au temps libre a augmenté d'une demi-heure et le temps passé dans les hypermarchés a baissé d'une heure. Les Français préfèrent les supermarchés, plus petits et plus proches de leurs domiciles.

10. LES FRANÇAIS AU JOUR LE JOUR

A. Devinette : À quoi est-ce que les Français consacrent la demi-heure de temps libre gagnée ces dix dernières années ?

B. Pensez à vos propres habitudes ou à celles de votre famille. Est-ce que vous avez une distribution du temps semblable ? Parlez-en avec deux personnes de la classe.

VOUS PARLEZ
ITALIEN ?

Nous allons sélectionner des candidats pour quatre emplois.

Pour cela nous allons apprendre :

♦ à parler de notre parcours de vie : notre formation et nos expériences
♦ à évaluer des qualités, des aptitudes et des compétences
♦ à exprimer et confronter nos opinions

Et nous allons utiliser :

♦ le passé composé
♦ le participe passé
♦ la position des adverbes
♦ *déjà/jamais*
♦ *savoir* et *connaître* au présent
♦ le lexique des professions

5

1. IL FAUT ÊTRE DOUÉ

A. Voici les photos de quelques personnes en train de travailler. Vous reconnaissez leur profession ? Écrivez le chiffre correspondant à côté de chaque profession.

☐ une secrétaire   ☐ une institutrice

☐ un pompier   ☐ une femme artisan

☐ un juge   ☐ un mécanicien

☐ un vendeur   ☐ une serveuse

☐ un chef cuisinier   ☐ un musicien

☐ une journaliste   ☐ un dentiste

☐ une styliste   ☐ un détective

☐ un camionneur   ☐ un interprète

☐ un ouvrier   ☐ une architecte

☐ un coiffeur   ☐ un médecin

B. Quelles qualités sont nécessaires pour exercer ces professions ? Parlez-en avec d'autres personnes de la classe.

Être une personne (très)
organisée / aimable / franche / dynamique / ouverte / créative / patiente...

Être
disposé(e) à voyager / habitué(e) à travailler en équipe / doué(e) pour les langues...

Savoir
écouter / convaincre / commander / parler des langues étrangères...

Connaître
l'informatique / des langues étrangères...

Avoir
beaucoup d'expérience / un diplôme universitaire / un permis de conduire / beaucoup de patience / une bonne présentation / de la force physique...

- Pour être chef cuisinier, il faut être organisé et créatif.
- Oui, et être habitué à travailler en équipe, n'est-ce pas ?
- Oui, et il faut avoir beaucoup d'expérience.

2. MOI, JE VEUX TRAVAILLER...

Et vous ? Que voulez-vous devenir ? Pourquoi ? Si vous travaillez déjà, qu'est-ce que vous faites ?

- Moi, je veux travailler avec les enfants. Je veux être institutrice.
- Moi, je ne sais pas encore.
- Moi, je suis secrétaire dans une entreprise de produits chimiques, et toi ?
- Moi, je travaille dans les assurances.

3. À CHACUN SON MÉTIER

A. Chaque profession comporte des aspects positifs et d'autres négatifs. Écrivez, à côté de chaque métier, un aspect positif et un aspect négatif. Regardez en bas la liste d'idées. Vous pouvez en ajouter d'autres.

MÉTIER	Aspect positif ⬆	Aspect négatif ⬇
dentiste		
enseignant/e		
chauffeur de taxi		
psychologue		
juge		
médecin		
policier		
assistant(e) social(e)		
informaticien/ne		
journaliste		
avocat/e		
traducteur/trice		
employé/e de bureau		
agriculteur/trice		
je suis (dans)... Je travaille dans... je veux devenir...		

+

C'est un travail (très)
intéressant / créatif / facile / varié / motivant / indépendant...

Les dentistes / les policiers...
rencontrent beaucoup de gens
gagnent beaucoup d'argent
voyagent beaucoup
aident les autres
vivent à la campagne
...

−

C'est un travail (très)
ennuyeux / pénible / stressant / dangereux / difficile...

Les dentistes / les policiers...
sont souvent loin de chez eux
ont beaucoup de responsabilités
ne gagnent pas beaucoup d'argent
travaillent beaucoup d'heures de suite
sont assis toute la journée
...

B. Ensuite, commentez vos réponses avec deux autres personnes.

● Je trouve que les dentistes ont un travail ennuyeux.

○ Oui, mais ils gagnent beaucoup d'argent.

■ C'est vrai, mais...

4. LÉA CHERCHE DU TRAVAIL

A. Léa a passé un an en Angleterre. Elle vient de rentrer en France et cherche du travail. Écoutez son entretien dans une agence pour l'emploi. Complétez ces données avec les informations qu'elle donne.

Elle a étudié ....

Elle parle ....

Elle a travaillé dans / chez / comme ....

Elle est allée à / en ....

B. Maintenant, lisez ces deux annonces et décidez si le profil de Léa correspond ou non à l'une de ces annonces.

Annonce 1 : Elle peut / ne peut pas se présenter parce que

....

Annonce 2 : Elle peut / ne peut pas se présenter parce que

....

C. Parlez-en maintenant avec deux autres personnes et mettez-vous d'accord sur l'emploi le plus adapté au profil de Léa.

● *Je crois qu'elle peut postuler pour l'emploi de...*
  parce qu'elle parle...

1

STATION J

recrute une

SECRÉTAIRE DE DIRECTION

Vous avez entre 25 et 35 ans et au moins 5 ans d'expérience.

Vous êtes dynamique, très organisée et douée d'une excellente mémoire. Vous avez une très bonne orthographe, vous êtes autonome, motivée et discrète. Vous parlez l'anglais couramment et une autre langue (espagnol ou allemand). Vous connaissez le TTX WINDOWS (WINWORD).

DISPONIBILITÉ IMMÉDIATE

Merci d'envoyer votre CV, lettre manuscrite, photo, rémunération actuelle et prétentions à :
Station J. Laure BABIN, 138, avenue d'Iéna
75116 Paris – RÉF. AW.

2

LE PARLEMENT EUROPÉEN ET LA COMMISSION EUROPÉENNE

organisent un concours général pour constituer une liste de réserve d'

ASSISTANTS ADJOINTS

Le Parlement, la Commission et la Cour des Comptes mettent en œuvre une politique d'égalité de chances entre les femmes et les hommes, et encouragent vivement les candidatures féminines.

Vous avez moins de 30 ans
Vous êtes titulaire d'un Bac+3
Vous êtes disposé/e à voyager
Vous parlez l'anglais et l'espagnol

Pour tout renseignement, consultez notre page web.
Candidatures acceptées jusqu'au 31 juillet.

5. FAN DE ZIZOU

A. Lisez attentivement ces données biographiques.
Savez-vous qui est Zizou ?

MA BIOGRAPHIE

Z _ _ _ _ _ _

Je suis né en 1972 à Marseille. J'ai commencé à jouer au football très jeune et à 16 ans je suis devenu joueur professionnel. J'ai joué dans deux clubs : Cannes et Bordeaux. Je suis resté 7 ans à Cannes. J'ai rencontré Véronique à Cannes et nous nous sommes mariés. Je suis entré dans l'Équipe de France en 1994 et en 1998 nous avons gagné la Coupe du monde.

B. Dans ce texte, on utilise un nouveau temps.
Cherchez et soulignez les verbes qui sont conjugués à ce temps.
Comment est-ce qu'il se forme ?

6. QUIZZ

Faites deux ou trois équipes et essayez de deviner qui a fait
ces choses. L'équipe qui a le plus de réponses correctes gagne.

- ❏ Claude Monet
- ❏ David Beckham
- ❏ Juliette Binoche
- ❏ Gérard Depardieu
- ❏ Manu Chao
- ❏ Jacques-Yves Cousteau
- ❏ Marilyn Monroe
- ❏ Jean Reno
- ❏ Victor Hugo

1
- Elle s'est mariée avec un champion de base-ball.
- Elle est morte à 36 ans.

2
- Acteur, il a joué dans « Les visiteurs ».
- Il est né au Maroc de parents espagnols : son vrai nom est Juan Moreno.

3
- Il a interprété tous les rôles (de Cyrano de Bergerac à Obélix).
- Il a joué dans plus de cent films depuis 1965.

4
- Elle a joué plus de drames que de comédies.
- Elle a été l'infirmière d'un patient anglais.

5
- Il a fait des films documentaires.
- Il a beaucoup navigué.

6
- Il a vécu au 19ème siècle. Il s'est battu contre la peine de mort.
- Il a décrit dans ses romans les conditions de vie des misérables.

7
- Il est né en 1975 dans un quartier ouvrier de Londres.
- Il s'est marié avec une « Spice Girl ».

8
- Il est né à Paris en 1961.
- Il a connu un énorme succès comme chanteur du groupe Mano negra mais il est resté loin du « star system ».

9
- Il a étudié les changements de la lumière selon les saisons.
- Il a peint « Impression soleil levant » qui a donné son nom au mouvement impressionniste.

LE PASSÉ COMPOSÉ

Étudier

j'**ai**	
tu **as**	
il/elle/on **a**	étudi**é**
nous **avons**	
vous **avez**	
ils/elles **ont**	

- ● *Tu **as étudié** l' espagnol ?*
- ○ *Oui, et l' allemand.*

Les verbes pronominaux (**se lever, s'habiller** etc.) et les verbes **entrer, sortir, arriver, partir, passer, rester, devenir, monter, descendre, naître, mourir, tomber, aller, venir** se conjuguent avec l'auxiliaire **être**.

Aller

je **suis**	
tu **es**	all**é**/all**ée**
il/elle/on **est**	
nous **sommes**	
vous **êtes**	all**és**/all**ées**
ils/elles **sont**	

Avec l'auxiliaire **être**, le participe s'accorde avec le sujet :

*il **est** arrivé*
*elle **est** arrivée*

LES PARTICIPES PASSÉS

Il existe plusieurs terminaisons des participes passés.

étudier	→	étudi**é**	écrire	→	écri**t**
finir	→	fin**i**	voir	→	v**u**
ouvrir	→	ouver**t**	dire	→	di**t**
prendre	→	pri**s**			

Attention ! Il faut bien distinguer le présent du passé composé.

je finis [ʒə fini] / j'**ai** fini [ʒɛ fini]
je fais [ʒə fɛ] / j'**ai** fait [ʒɛ fɛ]
je dis [ʒə di] / j'**ai** dit [ʒɛ di]

POSITION DES ADVERBES

*Il a **toujours** travaillé.*
*J' ai **beaucoup** dormi.*
*Nous avons **mal** compris.*
*Vous êtes **bien** arrivés ?*

LE PASSÉ COMPOSÉ À LA FORME NÉGATIVE

*Elle **n'a pas** bien compris les explications.*

En français oral, **ne** disparaît souvent.

- *Vous avez fini vos études ?*
- *Non, **j'ai pas** fini, je suis en troisième année.*

DÉJÀ, JAMAIS, UNE FOIS...

- *Est-ce que tu es **déjà** allé en France ?*
- *Oui, **une fois/deux fois/trois fois/plusieurs fois/souvent**.*
- *Non, **jamais**.*

DATES ET DURÉES

*J'ai eu mon baccalauréat **en 1996**.*
*Je suis allé à Paris **il y a deux ans**.*
*J'ai habité **(pendant) deux ans** à Londres.*
Au deuxième, troisième, quatrième siècle...

PARLER DE SES COMPÉTENCES

Connaître (connai-connaiss)

je connai**s**
tu connai**s**
il/elle/on connaî**t**
nous connaiss**ons**
vous connaiss**ez**
ils/elles connaiss**ent**

- *Vous **connaissez** la théorie du Big Bang ?*
- *Oui, assez bien. Je l'ai étudiée à l'école.*

Savoir (sai-sav)

je sai**s**
tu sai**s**
il/elle/on sai**t**
nous sav**ons**
vous sav**ez**
ils/elles sav**ent**

- *Qu'est-ce que vous **savez faire** ?*
- *Je **sais jouer** de la guitare / conduire / faire des crêpes...*

Tu sais jouer au tennis ?

Bien sûr !

7. IL ET ELLE

Travaillez à deux. Pensez à un personnage célèbre que tout le monde connaît et préparez quelques phrases sur sa vie. Lisez ces phrases au reste de la classe. Voyons s'ils devinent de qui vous parlez.

Il/elle est né(e) au .... siècle.
Il/elle a étudié le/la/l'/les ....
Il/elle s'est marié(e) avec ....
Il/elle a fait/découvert/inventé/créé/écrit ....
Il/elle est mort(e) ....

8. EXPÉRIENCES DIVERSES

Mettez-vous par groupes de trois ou quatre personnes et posez-vous mutuellement les questions proposées dans ce tableau. Chacun note les réponses affirmatives ou négatives des autres. Bien sûr, vous pouvez aussi poser d'autres questions.

	Oui, une fois	Oui, deux fois	Oui, ... fois	Oui, plusieurs fois	Non, jamais
monter à la tour Eiffel					
aller au Futuroscope de Poitiers					
perdre beaucoup d'argent					
manger des cuisses de grenouilles					
descendre dans une mine					
faire du deltaplane					
entrer dans une grotte préhistorique					
rencontrer votre acteur/actrice préféré(e)					
...					

- *Est-ce que vous êtes déjà monté(e)s à la tour Eiffel ?*
- *Moi oui, plusieurs fois.*
- *Moi aussi, une fois.*
- *Moi non, jamais.*

9. LE JEU DU MENSONGE

A. Pensez à des choses que vous avez faites et à des choses que vous n'avez pas faites. Sélectionnez-en trois et racontez-les à vos camarades. Au moins une de ces choses doit être vraie, les autres peuvent être des mensonges. Vous pouvez utiliser les verbes ci-dessous.

Une fois j'ai gagné ....
En ...., j'ai fait ....
L'année dernière, j'ai rencontré ....
Il y a .... ans, je suis allé(e) ....
J'ai vécu (pendant) .... ans à/en/au/aux/à la ....
J'ai ....
Je suis ....

B. Mettez-vous par groupes de quatre. À tour de rôle chacun lit les phrases qu'il a écrites, les autres doivent deviner ce qui est vrai et ce qui est faux.

- *J'ai vécu deux ans en Russie parce que mon père est diplomate.*
- *Je crois que c'est faux.*
- *Oui, moi aussi, je crois que ce n'est pas vrai.*

12. BAC+8 ?

A. Lisez ces documents qui parlent de la formation et des métiers en France. Est-ce que c'est différent dans votre pays ?

JULES FERRY

« Sans Dieu ni Roi »

Le 10 juin 1881, Jules Ferry, ministre de l'Instruction Publique, défend devant le Sénat son projet d'une école primaire gratuite, laïque et obligatoire pour tous les petits Français entre six et treize ans.

Aujourd'hui, 50% des jeunes terminent leur scolarité à 16 ans et apprennent leur métier auprès d'un artisan. En deux ou trois ans ils deviennent boulangers, pâtissiers, coiffeurs... Certains choisissent de suivre un enseignement supérieur court, et obtiennent un Brevet de Technicien Supérieur (BTS) ou un Diplôme d'école spécialisée pour devenir comptable, assistant social ou styliste. D'autres décident de faire des études universitaires longues pour obtenir une licence (bac+3), un mastaire (bac+5) ou un doctorat (bac+ 8). Quelques-uns entrent dans une Grande École pour devenir ingénieur, haut fonctionnaire, architecte...

■ Je veux « établir l'humanité sans Dieu ni Roi »

Le système éducatif en France

Doctorat (Bac+8)

Mastaire (Bac+5)

Diplôme Grande École

Licence (Bac+3)

Diplôme École Spécialisée

BTS

| Grandes Écoles | Université | Écoles Spécialisées | IUT/STS |

BACCALAURÉAT (BAC)

| Lycée | Lycée Professionnel |

Collège (de 11 ans à 15 ans)

École Primaire (de 6 à 10 ans)

École Maternelle (de 3 à 5 ans)

B. Pour exercer chacun des métiers suivants, quelles
études faut-il suivre depuis l'âge de trois ans en France ?

Boulanger : ....

Professeur agrégé d'histoire : ....

Ingénieur : ....

Cuisinier : ....

....

ÇA COÛTE COMBIEN ?

s allons organiser
fête d'anniversaire
us allons chercher
cadeaux pour nos
rades de classe.

cela nous allons
ndre :

écrire des objets
à estimer leur valeur
aire des courses

us allons utiliser :

ir besoin de
un, une, des / je n'ai
s de
leur/le, la, l', les
adjectifs et pronoms
monstratifs
dans sa valeur
« nous »
elques prépositions :
ez, à la, au...
chiffres, les prix
les monnaies
dates
exique des vêtements
couleurs et les matières

6

Disques et DVD ÉLECTRO-PLUS

Optique CLAIRVUE

Chaussures ANAÏS SHOES

Papeterie PLEIN CIEL

Traiteur CHEZ RICHARD

Épicerie AHMED

1. LE QUARTIER SAINT QUENTIN

A. Qu'est-ce qu'on vend dans ces magasins ?

- ❑ des produits de beauté et d'hygiène
- ❑ des médicaments
- ❑ des vêtements
- ❑ des chaussures
- ❑ des fleurs
- ❑ des boissons : eaux, jus de fruits, bière, etc.
- ❑ des produits laitiers : lait, fromage, yaourt
- ❑ des journaux

- ❑ des livres
- ❑ des disques, des films vidéos, des DVD
- ❑ du pain
- ❑ des gâteaux
- ❑ des fruits et des légumes
- ❑ des parfums
- ❑ d'autres produits comme ....

● À l'épicerie, on vend des fruits et des légumes.
○ Oui, et dans le magasin Électro-plus, on vend des disques et des DVD.

B. Savez-vous maintenant comment s'appellent les différents types de magasins ?

Pharmacie *JULIEN*

Boulangerie *LE CROISSANT AU BEURRE*

Fleurs SONIA

Modes SUD EXPRESS

Librairie DU COIN

Parfumerie LA ROSE

2. LA LISTE DE COLIN

A. Colin va faire des courses dans son quartier.
Demain, c'est l'anniversaire de Chloé, sa petite amie,
et il veut lui offrir un cadeau. Il emporte une liste.
Dans quels magasins doit-il aller ?
Cochez les cases correspondantes.

- ☐ chez le fleuriste
- ☐ chez le photographe
- ☐ chez le marchand de chaussures
- ☐ chez le traiteur
- ☐ à la boulangerie-pâtisserie
- ☐ à la librairie
- ☐ à la papeterie
- ☐ à la pharmacie
- ☐ à la parfumerie
- ☐ à l'épicerie
- ☐ au supermarché
- ☐ dans le magasin de modes

- café moulu
- sucre en morceaux
- une bouteille de champagne
- pâté de campagne
- six œufs
- salade
- paquet d'enveloppes
- de l'aspirine
- dentifrice
- de la bière
- baguette
- camembert
- piles
- une pellicule 24x36 couleurs
- shampoing
- cadeau pour Chloé (chemisier, livre ?)
- gâteau d'anniversaire
- bouquet de fleurs

B. Imaginez que vous êtes à la place de Colin
et que vous devez faire ses courses. Regardez le plan
du quartier (pages précédentes) et élaborez l'itinéraire
avec deux autres personnes.

- ● D'abord, nous allons à la pharmacie
  et nous achetons de l'aspirine.
- ○ Puis nous allons chez le traiteur
  et nous achetons du pâté de campagne.
- ■ Où est-ce que nous pouvons acheter de la bière ?

C. Vous avez des courses à faire aujourd'hui
ou demain ? Faites une liste. Vous pouvez utiliser
le dictionnaire ou demander au professeur.

D. Et maintenant, dans quels magasins vous pouvez
faire vos courses ? Parlez-en à deux.

- ● J'ai besoin d'un stylo, je dois aller à la papeterie.
- ○ J'ai besoin d'un livre de français, je dois aller à
  la librairie.

3. COLIN FAIT LES COURSES

A. Dans chacun des six dialogues, une phrase manque. Laquelle ?

—C'est combien ?
—Est-ce que vous acceptez la carte American Express ?
—Vous vendez des piles ?
—Alors ?
—C'est en quoi ?
—Pour homme ou pour femme ?

B. Écoutez et vérifiez.

C. Maintenant, dites dans quelles conversations :

	Dans la conversation nº...
Colin cherche quelque chose pour lui	☐
Colin demande le prix	☐
Colin essaie des chaussures	☐
Colin va payer	☐
Colin se renseigne sur la matière	☐
On lui indique un autre magasin	☐

D. Finalement Colin achète tout ça.
Regardez ces tickets de caisse. Qu'est-ce qui vous paraît cher ou bon marché ? Dans votre pays, combien coûtent ces articles ?

- ● Le champagne est cher.
- ○ Oui, très cher !
- ● Par contre, le café est bon marché.
- ○ Oui, très bon marché, ici ça coûte plus cher.

Modes SUD EXPRESS

· Chemisier en soie
  naturelle .... 82.70 €
· Veste sport
  bleu marine/vert .... 129.50 €
· Pantalon en lin .... 35.00 €
TOTAL .... **247.20 €**
Paiement C. BANCAIRE .... 247.20 €

CHAUSSURES Giovanni

Mocassins en cuir .... 25.00 €
Paiement en espèces .... 25.00 €

en cas de réclamation, veuillez présenter ce ticket

ÉCOPRIX

1 paquet de café moulu	2.10
1 kilo de sucre	1.10
1 tablette de chocolat	1.20
1 bouteille de champagne	16.75
1 kilo de pommes	1.50
1 tube de dentifrice	2.15
1 baguette	0.76
EUR* TOT	25.56
EUR* espèces	30.00
EUR* À RENDRE	4.44

merci de votre visite !

4. COMBIEN ÇA COÛTE ?

Le professeur va lire certains de ces prix. Cherchez-les et cochez les cases correspondantes.

- ☐ 5 euros
- ☐ 877 francs suisses
- ☐ 578 livres sterling
- ☐ 6 575 roubles
- ☐ 12 567 euros
- ☐ 3 798 couronnes
- ☐ 6 779 euros
- ☐ 60 dinars algériens
- ☐ 90 francs C.F.A.
- ☐ 5 789 euros
- ☐ 1 000 000 dirhams
- ☐ 1 000 000 000 euros
- ☐ 1 077 euros
- ☐ 288 477 yuans
- ☐ 100 roupies
- ☐ 76 yens
- ☐ 999 988 pesos
- ☐ 900 euros

5. CINQ CENTS

Écoutez bien cette série de 5. Votre professeur va la lire. Ensuite, à deux, vous allez écrire une autre série avec un autre chiffre. Puis vous la lisez dans le désordre et le reste de la classe l'écrit.

5	Cinq
55	Cinquante-cinq
555	Cinq cent cinquante-cinq
5 555	Cinq mille cinq cent cinquante-cinq
55 555	Cinquante-cinq mille cinq cent cinquante-cinq
555 555	Cinq cent cinquante-cinq mille cinq cent cinquante-cinq
5 555 555	Cinq millions cinq cent cinquante-cinq mille cinq cent cinquante-cinq
55 555 555	Cinquante-cinq millions cinq cent cinquante-cinq mille cinq cent cinquante-cinq
555 555 555	Cinq cent cinquante-cinq millions cinq cent cinquante-cinq mille cinq cent cinquante-cinq

6. CELUI-LÀ ?

Regardez ces chapeaux. À deux, attribuez à chaque personne de la classe (le professeur y compris) un chapeau.

- ● Ce chapeau, c'est pour Judith.
- ○ D'accord, et celui-ci, c'est pour Greg.
- ● Et celui-là ? Pour le professeur ?

7. UN JEU

Mettez-vous par groupes de trois et essayez de deviner ce que chacun a dans son sac ou dans ses poches. Mais d'abord cherchez le vocabulaire dans un dictionnaire ou demandez au professeur.

- ● Est-ce que tu as un agenda électronique ?
- ○ Non, je n'ai pas d'agenda électronique.
- ■ Est-ce que tu as une trousse de maquillage ?
- ● Oui, j'ai une trousse de maquillage.

DE 70 À 1 000 000 000

70	soixante-dix	101	cent un
71	soixante et onze	200	deux cents
72	soixante-douze	230	deux cent trente
80	quatre-vingts	1 000	mille
81	quatre-vingt-un	1 041	mille quarante et un
82	quatre-vingt-deux	2 000	deux mille
90	quatre-vingt-dix	1 000 000	un million
100	cent	1 000 000 000	un milliard

MONNAIES ET PRIX

un euro   **un** yen   **une** livre sterling
un dollar   **un** franc suisse   **une** couronne

- ● *Combien coûte cette veste ?*
- ○ *Deux cents euros.*

- ● *Combien coûtent ces mocassins ?*
- ○ *Vingt-quatre livres.*

- ● *C'est combien ?*
- ○ *Cent quatre-vingt-dix euros.*

DÉMONSTRATIFS

Avec le nom de l'objet, ce sont des adjectifs.

MASC. SINGULIER	**ce** pull, **cet a**norak
FÉM. SINGULIER	**cette** robe
PLURIEL	**ces** bottes

Quand **on** ne nomme pas l'objet, ce sont des pronoms.

MASC. SINGULIER	**celui-ci**	**celui-là**
FÉM. SINGULIER	**celle-ci**	**celle-là**
MASC. PLURIEL	**ceux-ci**	**ceux-là**
FÉM. PLURIEL	**celles-ci**	**celles-là**

Non. Je veux celui-là.

Tu veux celui-ci ?

ÇA

Le pronom **ça** (forme réduite de **cela**) fait référence à un objet (ou à une idée) sans préciser ni son genre ni son nombre.

● *Monsieur, vous désirez ?*
○ *Ça !*

Faire des courses, toujours consommer, je n' aime pas ça.

AVOIR UN/UNE/DU/DE LA/DE L'/DES
NE PAS AVOIR DE/D'

AFFIRMATIF	NÉGATIF
J'ai un problème.	**Je n'ai pas de** problème.
Tu as une voiture.	**Tu n'as pas de** voiture.
Il a des vacances.	**Il n'a pas de** vacances.
Nous avons de l'argent.	**Nous n'avons pas d'**argent.
Vous avez du sucre.	**Vous n'avez pas de** sucre.
Ils ont de la confiture.	**Ils n'ont pas de** confiture.

● *Maman, tu m' achètes une voiture ?*
○ *Non, **j'ai pas d'**argent !*

EXPRIMER LA NÉCESSITÉ

> **J'ai besoin d'**un téléphone portable.
> **Je n'ai pas besoin de** téléphone portable.
>
> **Tu as besoin d'**argent.
> **Tu n'as pas besoin d'**argent.
>
> **Elle a besoin de** dormir.
> **Elle n'a pas besoin de** dormir.

LES COULEURS

MASC. SING.	FÉM. SING.	MASC. PLURIEL	FÉM. PLURIEL
noir	noire	noirs	noires
blanc	blanche	blancs	blanches
vert	verte	verts	vertes
gris	grise	gris	grises
bleu	bleue	bleus	bleues
rouge		rouges	
jaune		jaunes	
rose		roses	
marron			
orange			

8. VOUS AVEZ UN AGENDA ÉLECTRONIQUE ?

A. Victor est un acheteur compulsif, il a toujours besoin d'acheter quelque chose et il a beaucoup d'objets. Et vous ?
Dites ce que vous n'avez pas parmi les affaires de Victor.

un agenda électronique
un téléphone portable
un appareil photo numérique
des rollers
des lunettes de soleil

une voiture
une moto
un baladeur
des DVD

un ordinateur portable
un VTT
un réveille-matin
des skis

B. De quoi avez-vous besoin ?

● Moi, j'ai besoin d'une voiture.
○ Et moi, j'ai besoin d'un téléphone portable.

9. COMMENT S'HABILLER ?

A. Chacune de ces personnes va dans un lieu différent.
Comment doivent-elles s'habiller ? Écrivez vos recommandations.

Renaud va en boîte.　Marc va faire une randonnée en montagne.　Liliane se présente à un entretien de travail.　Sophie va dîner dans un restaurant très chic.

B. Maintenant discutez-en à deux.

● Je crois que Liliane doit mettre la robe noire, ça fait sérieux.
○ Non, ça fait trop chic. Pour aller à un entretien, une jupe grise c'est plus discret.

C. Et vous, comment vous habillez-vous pour le réveillon de la Saint-Sylvestre (le 31 décembre) ?

10. C'EST QUAND VOTRE ANNIVERSAIRE ?

Vous voulez connaître la date d'anniversaire des personnes de votre classe ?
Levez-vous et demandez à chaque personne sa date d'anniversaire.
Notez cette date dans ce tableau.

Saison	Nom	Date d'anniversaire
AU PRINTEMPS (mars, avril, mai)		
EN ÉTÉ (juin, juillet, août)		
EN AUTOMNE (septembre, octobre, novembre)		
EN HIVER (décembre, janvier, février)		

- ● C'est quand ton anniversaire ?
- ○ (C'est) le 3 décembre. Et toi ?
- ■ (C'est) le 12 janvier.

11. QU'EST-CE QU'ON ACHÈTE POUR SON ANNIVERSAIRE ?

A. C'est bientôt l'anniversaire de Marie et Thomas. Leurs amis veulent leur offrir un cadeau. Écoutez leur conversation. Quelles sont les idées évoquées ? Notez-les.

B. Qu'est-ce qu'ils décident d'acheter ?

POUR MARIE : ....

POUR THOMAS : ....

12. LA FÊTE D'ANNIVERSAIRE
A. Imaginons que notre classe va organiser une fête. Par petits groupes, décidez de quoi vous avez besoin et faites une liste.

- Qu'est-ce qu'on apporte ?
- ○ Du coca.
- Des jus de fruits...

B. Qui se charge d'apporter chaque chose ?

- Qui apporte le gâteau ?
- ○ Je l'apporte.
- ■ Qui apporte les jus de fruits ?
- Moi, je les apporte.

ANTISÈCHE

LES PRONOMS COD ET COI

Pronoms compléments d'objet direct

le   la   l'   les

- *Qui achète les couverts en plastique ?*
- ○ *Moi, je peux **les** acheter.*

Pronoms compléments d'objet indirect (destinataire)

lui   leur

- *Et à Maria et Marc, qu'est-ce que tu **leur** achètes ?*
- ○ *À Maria je **lui** offre un livre et à Marc je **lui** offre un CD.*

ON

On remplace **nous** en langue familière.

***On** lui offre un disque. = **Nous** lui offrons un disque.*

OFFRIR
- Tiens, c'est pour toi.   Tenez, c'est pour vous.

REMERCIER
- Merci c'est très/trop gentil !
  Merci beaucoup.

13. UN CADEAU POUR CHACUN !
A. À deux, vous allez offrir des cadeaux d'anniversaire à deux autres personnes de la classe.
D'abord, préparez quatre questions pour mieux connaître leurs goûts, leurs besoins, etc.

Tu aimes la musique italienne ?
Est-ce que tu fais du sport ?
...

B. Vous leur posez ces questions et ensuite vous choisissez un cadeau pour chacun. Pensez aussi au prix, c'est vous qui l'offrez ! Quand c'est décidé, vous écrivez sur un bout de papier le nom du cadeau et le nom de la personne à qui vous l'offrez.

- Qu'est-ce que nous offrons à Valentina ?
- ○ Nous lui offrons un CD d'Eros Ramazzoti parce qu'elle aime beaucoup la musique italienne.
- ■ Combien ça coûte ?
- Vingt euros plus ou moins.
- ○ D'accord.

C. Vous allez maintenant offrir les cadeaux que vous avez choisis.

LA CONSOMMATION DES FRANÇAIS

La consommation des Français a presque doublé depuis la Deuxième Guerre Mondiale. La priorité est bien sûr à la nourriture, aux vêtements, au logement et aux loisirs, mais la France est l'un des pays d'Europe où l'on dépense le plus pour les cadeaux, environ 2,5% du revenu annuel moyen.

Ces cadeaux sont répartis tout au long de l'année selon les fêtes. En février, on fête la **Saint-Valentin**. En mai, c'est la **fête des mères**. En juin, on célèbre la **fête des pères**. Et la fête la plus importante, c'est sans aucun doute **Noël**, en décembre.

Mais pendant toute l'année il y a aussi les anniversaires, les naissances, les mariages et autres petites fêtes qui sont autant d'occasions d'acheter et d'offrir un cadeau.

Source : Institut National de la Statistique et des Études Économiques (Insee)

14. FÊTES ET CONSOMMATION

Dans votre pays, avez-vous les mêmes fêtes ?
En avez-vous d'autres? Notez-les sur ce calendrier.

JANVIER

FÉVRIER

MARS

AVRIL

MAI

JUIN

JUILLET

AOÛT

SEPTEMBRE

OCTOBRE

NOVEMBRE

DÉCEMBRE

15. QU'EST-CE QU'ON ACHÈTE COMME CADEAU ?

Dans toutes les cultures, on se fait des cadeaux, mais peut-être qu'on offre des choses différentes dans les mêmes situations. Complétez ce tableau et commentez-le avec les autres personnes de la classe.

En France quand...	Dans mon pays quand...
des amis nous invitent à manger, on apporte des fleurs, du vin, des chocolats ou une pâtisserie...	
on va voir quelqu'un à l'hôpital, on lui apporte des fleurs, des chocolats, un livre...	
des amis se marient, on leur offre quelque chose pour la maison ou même de l'argent.	
on veut remercier quelqu'un pour un service rendu, on lui offre une plante, une bonne bouteille, des chocolats...	

SALÉ
OU SUCRÉ ?

s allons faire
ecueil de cuisine
nos meilleures
ttes.

cela nous allons
endre :

ommander le menu
un plat à la carte
ns un restaurant
emander des rensei-
ements sur un plat
xpliquer comment
éparer un plat

us allons utiliser :

lexique des aliments
grédients et saveurs)
s poids et les mesures
s quantificateurs
nom : *trop de/d'*,
aucoup de/d', assez
/d', pas assez de/d',
s peu de/d'
bord, ensuite, puis,
fin

7

Moules de Bouchot

1. CUISINES FRANÇAISES

A. En réalité il n'y a pas « une » cuisine française mais plusieurs. Chaque région a sa cuisine et utilise des produits différents. Voici quelques-uns de ces produits. Vous savez comment ils s'appellent ? Découvrez leur nom dans la liste et vérifiez avec un camarade ou bien avec le professeur.

● Qu'est-ce que c'est, ça ?
○ Des haricots.

■ Comment on dit « beans » en français ?
❑ Des haricots.

☐ des haricots blancs   ☐ de la moutarde
☐ des oignons   ☐ du poisson
☐ de l'ail   ☐ des pommes
☐ des escargots   ☐ des huîtres
☐ du beurre   ☐ du poulet
☐ des carottes   ☐ des pommes de terre
☐ des moules   ☐ du chou
☐ du saucisson   ☐ du raisin
☐ du jambon   ☐ du fromage de chèvre
☐ de la viande   ☐ de la salade
☐ des tomates   ☐ du poivron

B. Regardez de nouveau la liste précédente. Qu'est-ce que vous aimez ? Indiquez-le en utilisant les signes suivants :

++	j'adore
+	j'aime
–	je n'aime pas
– –	je n'aime pas du tout / je déteste
?	je ne sais pas, je n'en ai jamais mangé

C. Comparez vos goûts avec deux autres personnes de la classe. Ensuite vous allez dire au reste de la classe quels sont vos goûts communs.

● On aime tous les trois le fromage de chèvre, le raisin et les pommes.
○ On n'aime pas le chou.
■ On n'a jamais mangé d'huîtres.

2. LA LISTE DES COURSES

A. Julie et Amadou ont des invités pour le dîner. Dans cette conversation, ils se mettent d'accord sur le menu et font une liste de courses. Écoutez-les, regardez les photos et écrivez le nom et les quantités des produits à acheter. Quel est le menu ?

....

....

B. Travaillez à deux. Pensez à un plat que vous aimez. Maintenant, écrivez la liste des ingrédients nécessaires pour faire ce plat. Indiquez aussi leurs quantités.

3. CUISINE SÉNÉGALAISE

A. Amandine et Rachid vont manger dans un restaurant sénégalais. Ils ne connaissent pas cette cuisine et le serveur leur donne des conseils. Lisez le menu, écoutez l'enregistrement et dites ce qu'ils ont choisi.

Amandine prend, comme entrée, ...
comme plat principal, ...
comme dessert, ...

Et Rachid, que prend-il ?
Rachid prend, comme entrée, ...
comme plat principal, ...
comme dessert, ...

≋ CUISINE SÉNÉGALAISE ≋
LE DAKAR
RESTAURANT

MENU DU JOUR à 20 €*
(à partir de 20 h)

Salade exotique
Le melon au Bissap

Le maffé de viande
Poulet yassa

La pirogue de fruits et glace
L'ananas frais nature ou au Bissap

* Deux plats à choisir, 1/4 de vin, café, pain, TVA compris.

B. Est-ce que vous pouvez repérer quelques ingrédients contenus dans ces plats ?

C. Toute la classe va dans ce restaurant. Un élève joue le rôle du serveur et note les commandes. Quel est le plat le plus demandé ?

● Qu'est-ce que vous avez choisi ?
○ Moi, comme entrée, une salade exotique.
● Et comme plat principal ?

4. UN BON PETIT-DÉJEUNER POUR BIEN COMMENCER LA JOURNÉE

Lisez cet article sur certaines habitudes alimentaires des Français et proposez les petits-déjeuners de vendredi, samedi et dimanche en tenant compte des recommandations des nutritionnistes.

ET LE PETIT-DEJ' ?

♣ Les nutritionnistes considèrent que les Français ont de bonnes habitudes alimentaires. Les repas (déjeuner et dîner) sont en général équilibrés et répondent aux besoins essentiels : un hors-d'œuvre, un plat principal avec des légumes et de la viande, suivi de fromage et de fruits comme dessert. Par contre, seulement 8% des Français prennent un petit-déjeuner équilibré. D'après le docteur Chéreau, ce repas doit couvrir 15 à 20% des apports énergétiques de la journée et un petit-déjeuner idéal doit comporter : un laitage, un fruit frais, une boisson et des céréales ou du pain.

Les glucides

Il s'agit du carburant des muscles et du cerveau. Ils sont présents dans le pain, les céréales, les féculents, etc. Mais attention à ne pas abuser des glucides rapides, qui se trouvent dans la pâtisserie, la confiserie, les boissons sucrées, etc.

Les lipides

Ce sont les graisses présentes, entre autres, dans les pâtisseries, les beignets, les frites. Ils doivent être consommés avec modération.

Les protéines

Elles se trouvent dans les produits laitiers, la viande, le poisson et les œufs.

LA PYRAMIDE DE L'ALIMENTATION

Chaque section donne le type d'aliment et le nombre de fois que l'on peut en manger chaque jour

sucre
0 – 1

huile, graisse, fruits secs
0 – 1

laitages
2 – 4

viande rouge, poisson, viande blanche
2 – 3

légumes
3 – 5

fruits
3 – 5

pain, riz, céréales, pâtes
6 – 11

POUR BIEN COMMENCER LA JOURNEÉ, UN BON PETIT-DÉJEUNER

Mardi
Un jus de fruit
Du riz au lait

Mercredi
Un œuf à la coque
avec une tranche
de pain grillé
Un yaourt et un fruit

Lundi
Un jus d'orange
Un petit sandwich
au jambon
Une tasse de lait
au chocolat

Jeudi
Des céréales
avec du lait
Une pomme

Vendredi
....
....
....
....

Samedi
....
....
....
....

Dimanche
....
....
....
....

5. ACHATS POUR LE MENU DU JOUR

Le cuisinier du restaurant L'Eau Vive a fait ses courses pour le menu du jour. À votre avis, qu'est-ce qu'il y a dans chaque plat ? Consultez un dictionnaire et faites des hypothèses. Ensuite parlez-en à deux.

de la crème chantilly	des œufs	du concombre
de la farine	des oignons	des pommes de terre
de la salade	des olives	du lait
des biscuits	des saucisses	du riz
des carottes	des tomates	du thon
des fraises	du bœuf	des haricots blancs
du canard		

Entrée
Assiette de crudités
Salade niçoise

Plat principal
Cassoulet
Bœuf bourguignon

Dessert
Charlotte aux fraises
Crêpes flambées
au Grand Marnier

● Dans les crêpes, il y a de la farine, des œufs et du lait, n'est-ce pas ?
○ Oui, et dans le cassoulet je crois qu'il y a...

6. C'EST QUOI ?

Au restaurant, il est parfois important de savoir demander des informations sur des plats, sur les ingrédients et sur la manière de les préparer. Posez des questions à votre professeur sur les plats suivants et décidez si vous voulez les goûter (ou pas).

Salade de gésiers
Ratatouille
Chou farci garniture aligot

● Qu'est-ce qu'il y a dans la salade de gésiers ?
○ L'aligot, qu'est-ce que c'est ?
■ La ratatouille, c'est quoi ? Une entrée, un plat principal... ?

● *Vous avez choisi* ?
○ Oui, *comme entrée* je vais prendre une salade niçoise.

● *Et ensuite / comme plat principal* ?
○ *Du poulet basquaise.*

● *Et comme dessert* ?
○ *Une charlotte aux fraises.*

● *Et comme boisson* ?
○ *Du vin blanc / rosé / rouge.*
De l'eau minérale / gazeuse / une carafe d'eau.
Une bière.
Un jus de fruits.

● *Vous prendrez* **un** *café* ?
○ *Oui, un café noir / un crème / un noisette.*

L'addition, s'il vous plaît !

MODES DE CUISSON ET DÉGUSTATION

grillé/e/s/es
frit/e/s/es
à la vapeur
bouilli/e/s/es

C'est cuit au four / au barbecue / à la poêle / à la casserole.

● *Vous la voulez comment, la viande* ?
○ *Bleue / saignante / à point / bien faite.*

Ça se mange | très chaud.
Ça se boit | très froid.
| bien frais.

INGRÉDIENTS ET SAVEURS

C'est de la viande ou du poisson ?

● *La salade de gésiers, qu'est-ce que c'est ?*
○ *C'est une salade avec* ....

● *Qu'est-ce que c'est des gésiers ?*
○ *C'est* ....

● *Qu'est-ce qu'il y a dans la ratatouille ?*
○ *Il y a* ....

C'est (très) **salé / sucré / amer / acide / piquant / épicé / gras.**

QUANTITÉS

trop de sel
beaucoup d'épices
assez de beurre
pas assez de sucre
très peu de poivre

POIDS ET MESURES

100 grammes de ...
200 grammes de ...
300 grammes de ...

un demi (1/2) kilo de...
un kilo de...
un kilo et demi de ...

Dans l'usage non officiel on dit encore souvent
une livre de..., trois livres de...
Une livre est une mesure ancienne qui correspond
à 489,5 grammes.

quatre centilitres de...
un litre de...
un demi (1/2) litre de...
un tiers (1/3) de...
un quart (1/4) de...

un paquet de riz / sucre / pâtes / sel
un sachet de fromage râpé / noix de coco râpée
une bouteille de vin / d'eau minérale
une boîte de sauce tomate
un pot de crème fraîche
une cuillère à soupe de farine / d'huile

7. C'EST COMMENT ? SUCRÉ OU SALÉ ?

A. Pensez aux plats que vous connaissez. Deux par deux et avec l'aide d'un dictionnaire, d'un livre de recettes ou de votre professeur, essayez de compléter ces acrostiches avec des plats sucrés, salés ou épicés.

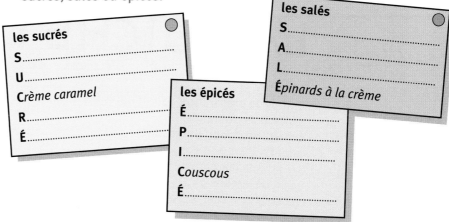

les sucrés
S...............
U...............
Crème caramel
R...............
É...............

les salés
S...............
A...............
L...............
Épinards à la crème

les épicés
É...............
P...............
I...............
Couscous
É...............

B. Quelle est votre saveur préférée : salée, sucrée, amère ou acide ?

● Moi, j'aime ce qui est acide comme le citron et le vinaigre.
○ Moi, j'aime ce qui est sucré. Par exemple, je mets toujours quatre morceaux de sucre dans mon café !

8. VIVE LE CAMPING SAUVAGE !

Les Picart vont faire quatre jours de camping. La famille se compose de trois adultes et deux enfants. Voici la liste de ce qu'ils emportent. À votre avis, est-ce qu'ils ont oublié quelque chose d'important ? Est-ce qu'ils ont pris des quantités suffisantes ? Travaillez à deux pour ajouter ou retirer des choses de cette liste.

100 grammes de beurre

10 litres de lait

1 litre d'huile

2 kilos de pommes de terre

3 kilos de spaghettis

une boîte de sauce tomate

24 yaourts

7 kilos de viande

50 grammes de fromage râpé

12 kilos de pommes

100 grammes de sucre

1 bouteille de vin

2 litres de coca-cola

● Ils n'ont pas pris d'œufs.
○ Oui, c'est vrai. Et ils n'ont pas beaucoup de sucre, n'est-ce pas ?
■ Oui, 100 grammes de sucre pour cinq personnes, ce n'est pas assez.

9. LA QUICHE LORRAINE

A. La quiche est une tarte salée avec des lardons ou du fromage. Lisez la recette que nous vous proposons ici et remettez les photos dans l'ordre chronologique.

LA QUICHE LORRAINE

Temps de préparation : 20 minutes
Cuisson : 25 minutes
Ingrédients pour 4 personnes :
3 œufs
1/2 litre de lait entier
125 g de lardons
1/2 cuillère à café de sel
2 pincées de poivre (ou de noix muscade)
100 g de gruyère râpé
pâte brisée avec 200 g de farine

Tout d'abord, mettez les lardons dans une poêle et faites-les revenir. Ensuite, mettez la pâte brisée dans un moule à tarte et disposez les lardons sur la pâte. Battez les œufs avec le lait et le sel, puis ajoutez une pincée de poivre ou de noix muscade. Versez les œufs et la crème sur la pâte. Ajoutez le gruyère. Chauffez le four à 200 degrés et mettez la quiche au four pendant 25 minutes.

 B. Il existe différentes façons de faire la quiche. Écoutez comment Virginie la fait et notez les différences par rapport à notre recette.

La recette de Virginie

Elle ne met pas de lait. Elle remplace le lait par ....

....

Elle fait des trous dans la pâte avec ....

....

Elle met des lardons et ....

Elle ne met pas de ....

....

Elle recommande de servir la quiche avec ....

....

10. VOS RECETTES

A. Formez des petits groupes pour écrire différentes recettes. Dans chaque groupe, choisissez un plat que vous aimez et que vous savez faire. Cela peut être quelque chose de facile, comme un sandwich ou une salade. D'abord, complétez cette fiche.

Notre recette

Temps de préparation : ....

Cuisson : ....

Ingrédients pour 4 personnes :

....

....

....

....

....

....

B. Maintenant, écrivez la recette.
La recette de la quiche peut vous servir de modèle.
Vous pouvez utiliser un dictionnaire.

Préparation : ....

....

....

....

....

....

....

....

....

....

....

....

ANTISÈCHE

RÉDIGER UNE RECETTE

Laver Lavez	les légumes

Mettez Mettre	le lait dans la casserole

Laver, éplucher, couper, ajouter, mélanger, verser, frire, faire cuire, mettre au four, tartiner...

avec du beurre
sans matière grasse

EXPLIQUER ORALEMENT UNE RECETTE

D'abord tu épluches / vous épluchez / on épluche les légumes.
Ensuite, tu coupes / vous coupez / on coupe les légumes en petits morceaux.
Puis, tu verses / vous versez / on verse de l'eau sur les légumes.
Après, ...
Enfin, ...

11. LE RECUEIL DE RECETTES DE NOTRE CLASSE

Chaque groupe va expliquer à toute la classe comment préparer sa recette. Finalement, on peut afficher ces recettes dans la classe ou les photocopier pour en faire un livre avec nos spécialités.

UN REPAS À LA FRANÇAISE

Un repas à la française est toujours structuré de la même manière : **un apéritif, une entrée, un plat principal avec sa garniture (des légumes, du riz...), une salade verte, du fromage et un dessert.**

L'entrée ou le hors-d'œuvre sont généralement froids. Ça peut être de la charcuterie, des crudités, du saumon fumé, etc.

Le plat principal ou plat de résistance est toujours chaud. C'est un plat de poisson ou de viande servi avec des légumes, du riz, de la purée, etc.

On mange la salade (en général une salade verte sans autres ingrédients) après le plat principal, pour ses valeurs digestives.

Généralement, on présente sur la table un plateau de fromages avec différents types de fromages. Vous pouvez prendre un petit peu de chaque fromage si vous le voulez.

Le dessert est toujours servi en dernier lieu. Suivant la saison et le type de repas, il est chaud ou froid, à base de fruits ou de pâtisserie.

12. UN BON REPAS

A. Lisez le texte précédent, puis donnez un coup de main au maître d'hôtel et écrivez sur le menu le nom des plats les plus adaptés à vos goûts et à la saison de l'année.

Apéritif
....
....

Entrée
....
....

Plat principal
....
....

Salade
....
....

Plateau de fromage
Roquefort, Chèvre, Camembert, Emmental, Cantal, Fromage des Pyrénées, Chaumes

Dessert
....
....

Café

Apéritifs
Kir (vin blanc + cassis)
Kir royal
(champagne + cassis)
Frontignan (vin sucré)
Pastis
(alcool anisé avec de l'eau)

Entrées
Crudités
Salade de tomates
et œufs durs
Salade de pâtes fraîches
et saumon
Pâtés de campagne

Plat principal
Bœuf bourguignon
Civet de sanglier
Lapin à la moutarde
Rôti de veau
+ un ou plusieurs légumes

Salade
Salade verte

Dessert
Tarte aux pommes
Mousse au chocolat
Salade de fruits
Crème caramel

Cafés
Noir
Café au lait
Petit crème ou noisette
Viennois

B. Et vous, combien de plats mangez-vous au cours d'un repas traditionnel ? Est-ce qu'ils sont apportés les uns après les autres ou bien en même temps ? Finissez-vous par un dessert ? Mangez-vous du fromage, de la viande, du poisson ?

13. DES CONSEILS SI VOUS ÊTES INVITÉ CHEZ DES FRANÇAIS

Quels conseils est-ce que vous pouvez donner à un étranger invité à manger chez vous ?

Les Français ont autant de plaisir à parler de nourriture qu'à manger. D'ailleurs, ils font le plus souvent les deux choses en même temps et ça peut durer des heures ! Si vous êtes invité chez des Français, n'hésitez pas à parler de ce que vous êtes en train de manger. Vos hôtes apprécieront cette attention. Il y a certaines règles d'étiquette à suivre. Par exemple, vous ne devez pas servir le vin vous-même ; attendez que l'on vous serve.

EN TRAIN OU EN AVION ?

ns cette unité, nous
ons mettre au point
détails d'un voyage.

r cela nous allons
rendre :

dire l'heure, à préciser
a date et les moments
e la journée
obtenir des informa-
ions sur les horaires et
es moyens de transports
réserver une chambre
'hôtel
rédiger un courriel
our transmettre
es informations

ous allons utiliser :

hypothèse : *si* + présent
tre sur le point de, être
n train de, venir de
e futur proche :
ller + infinitif
éjà, encore, pas encore
es prépositions de
ocalisation dans le
emps et dans l'espace
a formulation
es questions

8

1. L'AGENDA D'AMÉLIE LECOMTE

A. Amélie est cadre commercial dans une entreprise de confiserie.
Elle voyage beaucoup et donc elle est très peu disponible. Voici son agenda.
Vous voulez la rencontrer ? À quel moment est-ce possible ?

Lundi **16**
(06) JUIN

10 h - voir
Berthier avant
son départ
pour Londres !!

13 h - déjeu-
ner avec Farida
(pizzeria
Geppeto)

À faire :
pressing :
récupérer
2 pantalons

Mardi **17**
(06) JUIN

8 h 40 Cologne
(vol n° 4U403)

10:30 → 18:00
Salon Interna-
tional de la
Confiserie
Hall 3 stand n°
23 (vérifier !)

Mercredi **18**
(06) JUIN

11:00
Rendez-vous
avec
M. Urbain

19 h 10 : vol
n° 4U514

À faire :
appeler Gabi
confirmation
piscine jeudi

Jeudi **19**
(06) JUIN

11:00
réunion

13 h 30 :
déjeuner groupe
Sivon «La Tour»
(réserver)

19:00 - piscine
avec Gabi

À faire :
contacter
Intersuc
pour catalogue

Vendredi **20**
(06) JUIN

10 h 30 - accueil des
Lyonnais
11 h - visite de l'usine
11 h - réserver pour 7
personnes :
« chez Nina »
13 h 30 - « Chez Nina »
19 h - accompagner
les Lyonnais à la gare
20 h 30 - « 8 femmes »
cinémathèque

Samedi **21**
(06) JUIN

11 h
Grasse
matinée !

16:00 - avec
Martin
« Chinchan »
au Cinécinoche

Dimanche **22**
(06) JUIN

11:00 - Salon de
la moto avec Jo
rendez-vous Place
Thiers à 10:45

> Je peux voir Amélie .... (matin/après-midi/
> soir) à .... au/à la/chez ....
> ou bien .... (matin/après-midi/soir)
> à .... ou encore .... (matin
> /après-midi/soir) à .... au/
> à la/chez ....

B. Vous devez faire vos devoirs de français avec
un camarade. Pensez à votre agenda et décidez à quel
moment de la semaine vous pouvez vous rencontrer.

- ● Je suis libre lundi. Et toi ?
- ○ Moi non.
- ● Pourquoi ?
- ○ Parce que je vais chez le dentiste.

2. BAGAGES

Regardez le contenu de ce bagage. Ce sont des choses
qu'on emporte généralement en voyage. Est-ce que
vous aussi, vous prenez ces objets ? De quoi avez-vous
besoin quand vous voyagez ?

- ● Moi, je prends toujours mon baladeur et...
- ○ Moi, j'emporte...

3. UNE ÉTAPE DU TOUR DE FRANCE : TROYES-NEVERS

A. Lisez ci-dessous le texte sur l'origine du Tour de France. Est-ce que dans votre pays il existe un événement, sportif ou culturel, de cette importance ?

Corbigny

Saint-Saulge

Nevers

➤ En 1903, le directeur du journal *L'Auto* organise une compétition à vélo à travers la France. Cette opération publicitaire obtient tout de suite beaucoup de succès. Le premier parcours du Tour de France était de 2 428 kilomètres et seulement 27 des 88 coureurs ont fini l'épreuve. Depuis plus de 100 ans, chaque année au mois de juillet, les cyclistes parcourent la France en une vingtaine d'étapes avant d'arriver à Paris sur les Champs Elysées.➤

L'étape d'aujourd'hui est une étape de 196,5 km. Les coureurs sont partis ce matin de Troyes.

➤ *Fausto est sur le point d'arriver.*
➤ *Jacques est entre Bazoches et Corbigny.*
➤ *Bernard vient de traverser Vézelay.*
➤ *Lance est à 5 kilomètres de Corbigny, devant Jacques.*
➤ *Louison a déjà traversé Tonnerre, mais il n'est pas encore arrivé à Vézelay.*
➤ *Eddy va arriver à Saint-Saulge.*
➤ *Miguel est en train de traverser Tonnerre.*

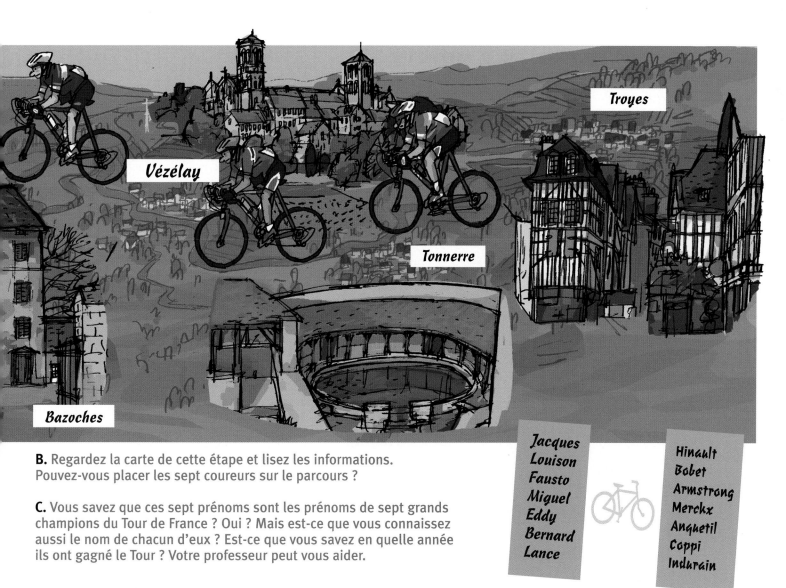

Vézélay

Troyes

Tonnerre

Bazoches

B. Regardez la carte de cette étape et lisez les informations. Pouvez-vous placer les sept coureurs sur le parcours ?

C. Vous savez que ces sept prénoms sont les prénoms de sept grands champions du Tour de France ? Oui ? Mais est-ce que vous connaissez aussi le nom de chacun d'eux ? Est-ce que vous savez en quelle année ils ont gagné le Tour ? Votre professeur peut vous aider.

Jacques
Louison
Fausto
Miguel
Eddy
Bernard
Lance

Hinault
Bobet
Armstrong
Merckx
Anquetil
Coppi
Indurain

4. RÉSERVER UNE CHAMBRE

Lucas téléphone à l'hôtel Beaulieu à Poitiers. Il veut réserver une chambre pour lui et sa petite amie pour les vacances. Écoutez la conversation téléphonique et remplissez la fiche du réceptionniste de l'hôtel.

HÔTEL H B BEAULIEU
★★★

FICHE DE RÉSERVATION

Nom : ....

Prénom : ....

Adresse : ....

Code postal : .... Ville : ....

Pays : ....

Tél. : ....

Courriel : ....

Nombre de personnes : ....

Date d'arrivée : ....

Date de départ : ....

Nombre de nuits : ....

Type de chambre (petit déjeuner compris):

❏ simple   ❏ double

Mode de paiement :

❏ liquide   ❏ chèque   ❏ carte de crédit

Acompte versé : ....

Date : ....

5. LE TOUR DE FRANCE EN 7 MOYENS DE TRANSPORT

A. Dans ce concours, vous devez faire le Tour de France en utilisant 7 moyens de transport différents. Tout d'abord, cherchez un coéquipier. Ensuite, lisez les règles du jeu et préparez votre itinéraire.

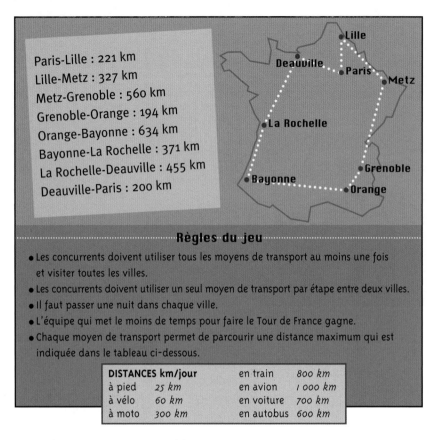

Paris-Lille : 221 km
Lille-Metz : 327 km
Metz-Grenoble : 560 km
Grenoble-Orange : 194 km
Orange-Bayonne : 634 km
Bayonne-La Rochelle : 371 km
La Rochelle-Deauville : 455 km
Deauville-Paris : 200 km

Règles du jeu

- Les concurrents doivent utiliser tous les moyens de transport au moins une fois et visiter toutes les villes.
- Les concurrents doivent utiliser un seul moyen de transport par étape entre deux villes.
- Il faut passer une nuit dans chaque ville.
- L'équipe qui met le moins de temps pour faire le Tour de France gagne.
- Chaque moyen de transport permet de parcourir une distance maximum qui est indiquée dans le tableau ci-dessous.

DISTANCES km/jour			
à pied	25 km	en train	800 km
à vélo	60 km	en avion	1 000 km
à moto	300 km	en voiture	700 km
		en autobus	600 km

- Si on va à pied de Grenoble à Orange, on met 8 jours.
- Oui, et à vélo, on met 4 jours.

B. Et vous ? Imaginez que vous pouvez faire un voyage de 1 000 km maximum tous frais payés. Vous choisissez quel parcours ? Comment voyagez-vous ? Expliquez votre projet à toute la classe.

6. HÔTEL LES ALPES

Vous êtes le réceptionniste d'un petit hôtel de montagne. L'hôtel n'a que sept chambres. Plusieurs clients veulent faire une réservation, la modifier ou la confirmer. Écoutez l'enregistrement et notez les changements et les observations nécessaires sur le livre de réservations. Ensuite, comparez avec un autre étudiant.

HÔTEL LES ALPES

Chambre n°	Vendredi 11	Samedi 12	Dimanche 13
1	Halimi	Halimi	
2	Roquet	Roquet	Roquet
3	Morassi		
4		El Ouardi	El Ouardi
5			
6	Owen	Radakovic	Lagardère
7	Ktorza	Ktorza	

DISTANCES

- *Combien de kilomètres il y a **de** Toulouse à Paris ?*
- ***De** Toulouse **jusqu'à** Paris, il y a 850 kilomètres.*

*Toulouse est **à** 850 kilomètres **de** Paris.*

JOURS ET MOIS

- ***Quel jour** est-ce que vous partez / arrivez /... ? **Quand** est-ce que vous partez / arrivez/... ?*
- *Lundi 14 juin. Le 14 juin. Lundi (prochain).*

la semaine	
le mois	prochain/e
l'année	

en janvier

janvier, février, mars, avril, mai, juin, juillet, août, septembre, octobre, novembre, décembre

DÉJÀ, ENCORE, PAS ENCORE

- *À quelle heure arrive le train de Paris ?*
- *Il est **déjà** arrivé.*

- *La banque **n'est** **pas encore** ouverte ?*
- *Non, elle est **encore** fermée.*

- *Tu pars **déjà** ?*
- *Oui, j'ai rendez-vous avec un client.*

- *Tu es **encore** là ?*
- *Eh oui, je n'ai pas fini ce travail.*

ÊTRE EN TRAIN DE, ÊTRE SUR LE POINT DE, VENIR DE, ALLER + INFINITIF

- *Le train de Bruxelles est déjà parti ?*
- *Non, pas encore, mais il **est sur le point de** partir.*

- *Qu'est-ce que tu fais ?*
- *Je **suis en train de** faire mes devoirs de mathématiques.*
- *Ah ! Je **viens de** les finir.*

- *Tu viens avec nous ? Nous **allons** manger une crêpe puis nous **allons** voir un DVD chez Ditoune.*

L'HEURE

À quelle heure part / ouvre / ferme... ?

	huit heures	8.00
	huit heures cinq	8.05
	huit heures **et quart**	8.15
À	huit heures vingt-cinq	8.25
	huit heures **et demie**	8.30
	huit heures trente-cinq	8.35
	neuf heures **moins** vingt	8.40
	neuf heures **moins le quart**	8.45
	neuf heures **moins** cinq	8.55

à cinq heures **du matin** (5 h)
à cinq heures **de l'après-midi** (17 h)
à dix heures **du soir** (22 h)

Les horaires de services (transports, commerces, etc.) sont normalement indiqués ainsi : **à quatorze heures**, **à vingt-deux heures**, etc.

● *Quelle heure il est ?*
  Quelle heure est-il ?
○ *Il est sept heures dix.*

● *Excusez-moi, est-ce que vous avez l'heure, s'il vous plaît ?*
○ *Oui, il est sept heures dix.*

7. JEU DES SEPT ERREURS (OU PLUS !)

Avec un autre étudiant, cherchez les différences entre ces deux dessins apparemment identiques où des personnages semblent faire la même chose.

● Sur le dessin A, un homme est en train de lire et sur le dessin B, il est en train de dormir.
○ Oui, et sur le dessin A...

8. DE 10 H À 18 H

A. En ce moment précis, pendant que vous êtes en classe, quels sont les établissements de la liste ci-dessous qui sont ouverts ?

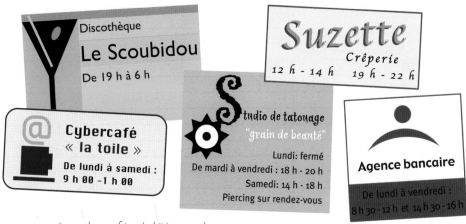

● Le cybercafé est déjà ouvert.
○ Oui, par contre le studio de tatouage n'est pas encore ouvert.

B. Est-ce que les horaires d'ouverture des commerces sont les mêmes dans votre pays ? Quelles sont les différences ?

9. UN VOYAGE D'AFFAIRES

A. Imaginez que vous travaillez comme secrétaire de Monsieur Doucet, le directeur d'une entreprise située à Lyon. La semaine prochaine, il doit aller à Bruxelles puis à Paris. À deux, vous allez organiser son voyage en tenant compte de son agenda et des horaires de trains et d'avions. L'agence de voyage vient de vous envoyer un courriel avec les informations concernant les transports. Vous savez aussi que Monsieur Doucet n'aime pas se lever trop tôt et qu'à Bruxelles, il va loger chez des amis.

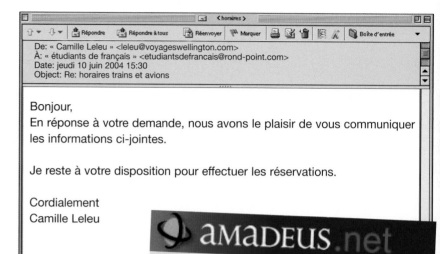

De : « Camille Leleu » <leleu@voyageswellington.com>
À : « étudiants de français » <etudiantsdefrancais@rond-point.com>
Date: jeudi 10 juin 2004 15:30
Object: Re: horaires trains et avions

Bonjour,
En réponse à votre demande, nous avons le plaisir de vous communiquer les informations ci-jointes.

Je reste à votre disposition pour effectuer les réservations.

Cordialement
Camille Leleu

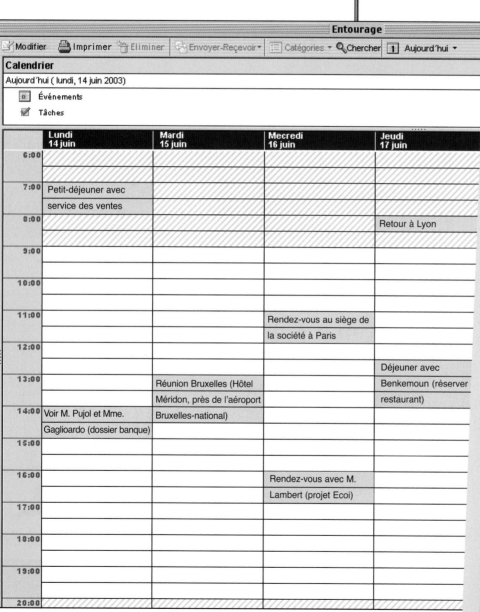

AMADEUS.net

Mardi 15 juin Lyon → Bruxelles
En avion : Aéroport de Lyon St Exupéry → Bruxelles National

Vol	Départ	Arrivée
Air France	09:00	10:20
SN Brussels Airlines 3588	10:50	12:15

En train : Lyon Part Dieu → Bruxelles Midi

TGV 9856	07:56	12:17

Mercredi 16 juin Bruxelles → Paris
En avion : Aéroport de Bruxelles National → Paris Charles de Gaulle

SN Brussels Airlines 3627	09:10	10:10

En train : Bruxelles Midi → Paris Nord

THALYS 9412	08:40	10:05
THALYS 9314	09:10	10:35

Jeudi 17 juin Paris → Lyon
En avion : Aéroport Paris Orly → Lyon St Exupéry

Air France 7404	10:25	11:30

En train : Paris Gare de Lyon → Lyon Part Dieu

TGV 6607	09:00	10:55
TGV 6609	10:00	11:55

Entourage

Modifier   Imprimer   Éliminer   Envoyer-Recevoir ▾   Catégories ▾   Chercher   Aujourd'hui ▾

Calendrier

Aujourd'hui (lundi, 14 juin 2003)

- Événements
- Tâches

	Lundi 14 juin	Mardi 15 juin	Mecredi 16 juin	Jeudi 17 juin
6:00				
7:00	Petit-déjeuner avec service des ventes			
8:00				Retour à Lyon
9:00				
10:00				
11:00			Rendez-vous au siège de la société à Paris	
12:00				
13:00		Réunion Bruxelles (Hôtel Méridon, près de l'aéroport Bruxelles-national)		Déjeuner avec Benkemoun (réserver restaurant)
14:00	Voir M. Pujol et Mme. Gaglioardo (dossier banque)			
15:00				
16:00			Rendez-vous avec M. Lambert (projet Ecoi)	
17:00				
18:00				
19:00				
20:00				

B. Maintenant, vous allez faire la réservation.
Un étudiant va jouer le rôle d'un employé de l'agence de voyages. Vous téléphonez pour réserver les billets.

10. L'HÔTEL ET L'AGENDA

A. Vous devez aussi réserver l'hôtel à Paris. Monsieur Doucet veut loger dans un hôtel calme, pas trop cher mais près du centre. L'agence de voyages propose les hôtels suivants. Lequel allez-vous choisir ? Écoutez l'enregistrement pour avoir plus d'informations.

Hôtel Meursault ★ ★

- Situation exceptionnelle. Au carrefour des pôles d'activités Montparnasse, du Parc des Expositions et de Denfert.
- Hôtel 2 étoiles, 52 chambres confortables. Très calme.
- Animaux acceptés, télévision satellite, ascenseur, coffre-fort individuel, téléphone direct.

Hôtel Victor Rolin ★ ★ ★

- Rive gauche, à deux pas du quartier latin.
- Hôtel 3 étoiles.
- Air conditionné, chambres spacieuses et confortables.
- Téléphone direct avec prise et modem, mini bar et télévision.

Hôtel Bonotel ★ ★ ★

- Hôtel 3 étoiles.
- Idéalement situé près de l'aéroport Charles de Gaulle entre les deux aérogares.
- Architecture ultra moderne, ascenseurs panoramiques et magnifique atrium, 357 chambres spacieuses et parfaitement insonorisées.
- Télévision couleur avec chaînes satellite.
- Salle de musculation, sauna, piscine couverte.

B. Complétez l'agenda de Monsieur Doucet avec vos décisions.

11. UN COURRIEL POUR LE DIRECTEUR

Reformez le groupe de départ. Vous devez écrire un courriel à Monsieur Doucet pour lui donner toutes les informations pratiques sur son voyage : comment et quand il va voyager, où il va loger et pourquoi.

BRUXELLES, VOUS CONNAISSEZ ?

La Belgique, c'est un pays qui a une superficie inférieure à celle de la Bretagne mais qui compte près de 10 millions d'habitants. Les Belges parlent, suivant la région où ils habitent, français, néerlandais ou allemand. Les Flamands, qui habitent dans le Nord du pays, parlent néerlandais et représentent 60% de la population belge. Dans le Sud, les Wallons parlent français. Et il ne faut pas oublier, à l'Est du pays, une petite communauté germanophone.

BRUXELLES

Bruxelles est la capitale du Royaume de Belgique et elle compte une forte majorité de francophones (90%). C'est aussi le siège des Communautés française et flamande, le siège de la Commission et du Conseil de l'Union Européenne et enfin le siège de l'OTAN.

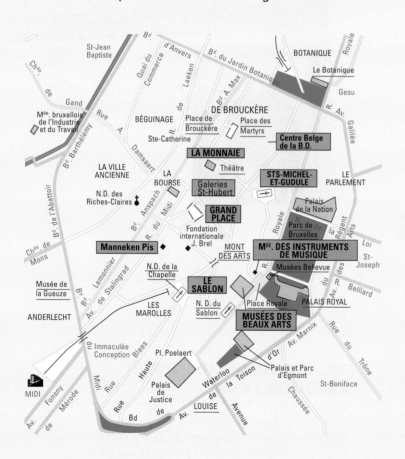

À VOIR

Le célèbre Manneken Pis, la petite statue qui incarne l'humour et le caractère indépendant des Bruxellois.
L'Atomium, un étonnant bâtiment en forme d'atome, construit pour l'exposition universelle de 1958 et, bien sûr, la Grand-Place.
Pour un peu d'exotisme, les amateurs de folklore local peuvent assister à une représentation du théâtre de marionnettes « Chez Toone ».
C'est un petit théâtre qui propose des classiques comme « Le Cid » et « Les trois mousquetaires » en parler bruxellois.

COMMENT SE DÉPLACER ?

Le réseau de métro est moins étendu que dans d'autres capitales européennes, par contre les tramways sont rapides et nombreux.

OÙ DORMIR ?

Le centre-ville de Bruxelles est assez bruyant et la circulation est dense pendant la journée. Si vous voulez un endroit pittoresque, choisissez un hôtel dans le quartier du Sablon, le quartier des antiquaires situé tout près de la Gare centrale.

Adresse utile :
Office de Promotion du Tourisme Wallonie
Rue du Marché aux Herbes, 61
1000 Bruxelles
Tél. : 32 (0)2 504 03 90
info@opt.be

12. BRUXELLES, VOUS CONNAISSEZ ?

A. Lisez ces informations touristiques et regardez les photos. Pouvez-vous identifier ces lieux ?

OÙ MANGER ?

Le choix est immense, parce que Bruxelles est une ville très cosmopolite. On trouve donc des restaurants de tous les pays. Les spécialités sont la cuisine à la bière et, bien sûr, les moules servies avec des frites.

Restaurant L'Ommegang
Grand-Place, 9
1000 Bruxelles
www.ommegang.be
Bon marché (les dames ne paient que moitié prix si elles viennent manger le mardi soir)

Restaurant Comme chez Soi
Place Rouppe, 23
1000 Bruxelles
info@commechezsoi.be
Cuisine maison

 B. Écoutez ces trois personnes. Les trois habitent en Belgique mais parlent une langue différente. Identifiez la langue de chaque locuteur.

Il/Elle parle flamand : n⁰ ......

Il/Elle parle allemand : n⁰ ......

Il/Elle parle français avec l'accent bruxellois : n⁰ ......

ON VIT
BIEN ICI !

s allons discuter
problèmes
e ville et proposer
solutions en
lissant une liste
riorités.

cela nous allons
endre :

écrire et comparer
s lieux
exprimer notre opinion
évaluer et à établir
s priorités

us allons utiliser :

s comparatifs
les superlatifs
s expressions
pinion : *à mon avis,*
pense que...
s adverbes de quantité
lexique des services,
s institutions
des commerces

9

1. QUATRE VILLES OÙ L'ON PARLE FRANÇAIS

A. À quelles villes croyez-vous que correspondent ces informations ? Complétez le cadre ci-dessous.

	a	b	c	d	e	f	g	h	i	j	k	l	m	n	o
Bruxelles															
Montréal															
Cannes															
Genève															

a. Avec un million d'habitants, c'est la capitale de l'Union Européenne.

b. Les stars du cinéma français et mondial s'y donnent rendez-vous au printemps, depuis 1946.

c. C'est le siège de la Croix-Rouge.

d. C'est une ville qui est en Amérique.

e. Elle se trouve dans le sud de la France, sur la Côte d'Azur.

f. La Commission Européenne y siège.

g. On y trouve 190 organisations internationales, gouvernementales ou non.

h. Il y pleut 217 jours par an.

i. Le cœur de la ville est une très belle place : la Grand-Place.

j. C'est une grande capitale financière et un rendez-vous traditionnel pour les négociations internationales.

k. En hiver, tout peut se faire sous la terre : acheter, travailler, vivre !

l. On y parle français depuis sa fondation en 1642.

m. Elle a été le siège des Jeux Olympiques en 1976.

n. Sa population triple entre le 15 juillet et le 15 août.

o. C'est une station balnéaire très chic depuis plus d'un siècle.

B. Comparez vos réponses avec celles des autres participants.

- Et toi qu'est-ce que tu as mis ?
- Moi, j'ai mis «e».
- «e» ? Non, Bruxelles n'est pas sur la Côte d'Azur.

EN CONTEXTE

2. ENQUÊTE SUR LA QUALITÉ DE VIE

A. La mairie de la ville où vous étudiez le français fait une enquête pour connaître l'opinion des habitants sur la qualité de vie. Répondez individuellement au questionnaire suivant.

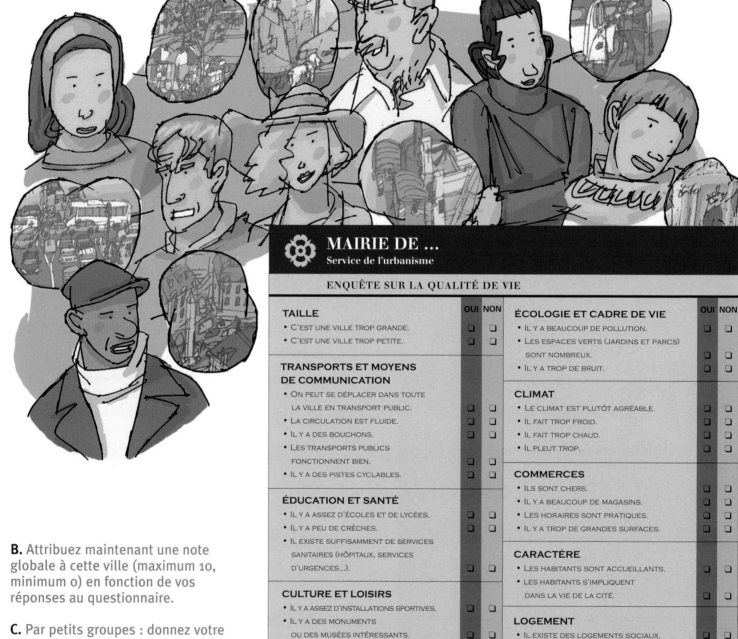

MAIRIE DE ...
Service de l'urbanisme

ENQUÊTE SUR LA QUALITÉ DE VIE

	OUI	NON
TAILLE		
• C'EST UNE VILLE TROP GRANDE.	☐	☐
• C'EST UNE VILLE TROP PETITE.	☐	☐
TRANSPORTS ET MOYENS DE COMMUNICATION		
• ON PEUT SE DÉPLACER DANS TOUTE LA VILLE EN TRANSPORT PUBLIC.	☐	☐
• LA CIRCULATION EST FLUIDE.	☐	☐
• IL Y A DES BOUCHONS.	☐	☐
• LES TRANSPORTS PUBLICS FONCTIONNENT BIEN.	☐	☐
• IL Y A DES PISTES CYCLABLES.	☐	☐
ÉDUCATION ET SANTÉ		
• IL Y A ASSEZ D'ÉCOLES ET DE LYCÉES.	☐	☐
• IL Y A PEU DE CRÈCHES.	☐	☐
• IL EXISTE SUFFISAMMENT DE SERVICES SANITAIRES (HÔPITAUX, SERVICES D'URGENCES...).	☐	☐
CULTURE ET LOISIRS		
• IL Y A ASSEZ D'INSTALLATIONS SPORTIVES.	☐	☐
• IL Y A DES MONUMENTS OU DES MUSÉES INTÉRESSANTS.	☐	☐
• IL Y A SUFFISAMMENT DE VIE CULTURELLE (CONCERTS, THÉÂTRES, CINÉMAS...).	☐	☐
• IL N'Y A PAS DE VIE NOCTURNE.	☐	☐
• LES ALENTOURS DE LA VILLE SONT AGRÉABLES.	☐	☐
EMPLOI		
• ON CRÉE DES ENTREPRISES.	☐	☐
• TROUVER UN EMPLOI EST ASSEZ DIFFICILE.	☐	☐

	OUI	NON
ÉCOLOGIE ET CADRE DE VIE		
• IL Y A BEAUCOUP DE POLLUTION.	☐	☐
• LES ESPACES VERTS (JARDINS ET PARCS) SONT NOMBREUX.	☐	☐
• IL Y A TROP DE BRUIT.	☐	☐
CLIMAT		
• LE CLIMAT EST PLUTÔT AGRÉABLE.	☐	☐
• IL FAIT TROP FROID.	☐	☐
• IL FAIT TROP CHAUD.	☐	☐
• IL PLEUT TROP.	☐	☐
COMMERCES		
• ILS SONT CHERS.	☐	☐
• IL Y A BEAUCOUP DE MAGASINS.	☐	☐
• LES HORAIRES SONT PRATIQUES.	☐	☐
• IL Y A TROP DE GRANDES SURFACES.	☐	☐
CARACTÈRE		
• LES HABITANTS SONT ACCUEILLANTS.	☐	☐
• LES HABITANTS S'IMPLIQUENT DANS LA VIE DE LA CITÉ.	☐	☐
LOGEMENT		
• IL EXISTE DES LOGEMENTS SOCIAUX.	☐	☐
• LES LOGEMENTS NE SONT PAS CHERS.	☐	☐
• IL EST DIFFICILE DE TROUVER UN LOGEMENT.	☐	☐
PROBLÈMES SOCIAUX		
• IL Y A DES PROBLÈMES DE DROGUE.	☐	☐
• IL Y A PEU DE DÉLINQUANCE.	☐	☐
• LA VILLE EST DANGEREUSE.	☐	☐
• IL Y A DES EXCLUS.	☐	☐

CE QUE JE PRÉFÈRE, C'EST _____

LE PIRE C'EST _____

MOI, JE PENSE QUE LA VILLE MANQUE DE _____

ET IL Y A TROP DE _____

B. Attribuez maintenant une note globale à cette ville (maximum 10, minimum 0) en fonction de vos réponses au questionnaire.

C. Par petits groupes : donnez votre opinion. Justifiez-vous en vous référant aux aspects positifs ou négatifs qui sont pour vous les plus importants.

● Moi, je lui ai mis 4. À mon avis, il n'y a pas assez d'installations sportives. En plus, il y a trop de circulation... Par contre...

3. DEUX VILLES OÙ VIVRE

A. Le magazine *Bien vivre* vient de publier un dossier sur la qualité de la vie en France. Imaginez que vous allez vivre en France pour des raisons professionnelles ou familiales. Vous pouvez choisir l'une de ces deux villes : Besançon ou Bordeaux. Lisez l'article et soulignez les informations qui déterminent votre choix.

B. Comparez votre choix avec celui d'une autre personne de la classe.

> ● Moi, je préfère Bordeaux : c'est plus grand que Besançon. En plus, les langues m'intéressent beaucoup et...

BORDEAUX

Bordeaux est-elle la ville idéale ? En tous cas, elle attire beaucoup de monde et compte 925 253 habitants aujourd'hui, avec sa banlieue. Spécialement à l'écoute des jeunes, cette ville offre depuis 1998 un « roller parc » de 1000 m². Bordeaux est la 2ème université de France en ce qui concerne l'apprentissage linguistique : 27 langues sont enseignées et 4 500 étudiants étrangers de 59 nationalités résident à Bordeaux.

La région attire aussi 3 millions de touristes par an : « océan, forêt, nature », la formule est unique en Europe. Où trouver qualité et espérance de vie ? À Bordeaux et dans sa région : en effet, le département se caractérise par une espérance de vie record, avec en particulier une faible mortalité cardiovasculaire. La région est réputée pour la qualité de ses fruits et légumes, de ses volailles et une consommation modérée de bon vin. Le plaisir de la table peut encore durer longtemps à Bordeaux.

BESANÇON

Logique: les grandes villes sont plus polluées que les petites ! Et, presque partout, la priorité continue d'être donnée à l'automobile. Paris, Lyon et Marseille connaissent de gros problèmes de circulation. À Besançon, c'est très différent grâce à la qualité de l'air, de l'eau et des transports !

Besançon est vraiment une ville à dimensions humaines (200 000 habitants avec sa banlieue), à proximité des montagnes, avec ski en hiver et baignade en lacs en été. Il pleut beaucoup et c'est l'une des premières villes vertes de France. C'est une ville tranquille mais pas ennuyeuse, parce que c'est une ville universitaire où la vie culturelle est importante. Et dans cette Europe en mouvement, Besançon est idéalement située : la Suisse est à 1 heure ; l'Allemagne, à 2 heures ; Lyon, à 2 heures 30, et l'Aéroport Lyon Satolas, à 2 heures. Paris n'est pas loin non plus : à 4 heures en voiture et à 2 heures 30 en TGV.

	Bordeaux	Besançon
Nombre d'habitants (banlieue comprise)	925 253	200 000
Taux de chômage	11,40%	7,50%
Création d'entreprises par an	1 638	424
Immobilier : Prix du m² en location	41,81 €	42,86 €
Espaces verts : m²/hab.	25,32	65,44
Nombre de salles de spectacles	12	8
Jeunes de moins de 20 ans	18,7%	23%
Nb. d'heures d'ensoleillement par an	2 200	1 900

4. CASTELFLEURI, BEAUREPAIRE, ROQUEMAURE

A. Au Bureau du Conseil Régional, on ne sait plus à quelles villes correspondent les données du tableau ci-dessous. Pouvez-vous les aider ?

Beaurepaire a moins de bars que Castelfleuri.
Roquemaure a plus d'écoles que Castelfleuri.
Beaurepaire a plus d'écoles que Castelfleuri.
Castelfleuri a moins d'habitants que Roquemaure.
Roquemaure et Beaurepaire ont le même nombre de musées.
Roquemaure a deux fois plus d'églises que Castelfleuri.
Roquemaure et Beaurepaire ont le même nombre d'hôpitaux.

NOM DE LA MUNICIPALITÉ	_____	_____	_____
habitants	25 312	21 004	18 247
écoles	8	6	7
cinémas	4	4	3
musées	3	1	3
églises	6	3	4
bars	21	15	12
hôpitaux	2	1	2
centres commerciaux	2	1	1

B. À présent, nous allons comparer les services de ces trois villes. Chaque élève compare deux villes. Qui dans la classe devinera le plus vite de quelle ville il s'agit !

● *Elle a deux écoles de moins que Roquemaure.*
○ *Castelfleuri !*
● *Elle a autant d'hôpitaux que Beaurepaire.*
○ *Roquemaure !*

5. MA VILLE EST COMME ÇA

Comment est votre ville ? Regardez la liste d'options et complétez les phrases suivantes:

Dans ma ville, il y a beaucoup de/d' ....

Il n'y a pas assez de/d' .... ,

Il y a peu de/d' ....

Il n'y a pas de/d' .... , par contre il y a trop de/d' ....

La ville manque de/d' ....

| jeunes | pollution | chenils | métro | terrains de football |

| usines | aéroport | immeubles | fleuve | commissariat |

| commerces | salles de sport | vie culturelle | pistes cyclables |

| opéra | universités | salles de cinémas | ponts | hôpitaux |

| maisons de retraite | monuments | rues piétonnières | etc. |

Paris : 2 152 423 habitants
Lyon : 415 487 habitants

*Paris a **plus d'**habitants **que** Lyon.*
*Lyon a **moins d'**habitants **que** Paris.*

*Paris est **plus** grand **que** Lyon.*
*Lyon est **plus** petit **que** Paris.*

Attention !
Bien → **mieux** (plus bien)
Bon → **meilleur** (plus bon)
Mauvais → **pire** (plus mauvais)

À Londres, il y a plus de parcs qu'à Barcelone.

C'est vrai, mais Barcelone est moins cher.

*Cannes et Nice ont **le même** climat et **les mêmes** ressources économiques, mais elles n'ont pas **la même** taille.*
*Le climat de Cannes est **aussi** agréable **que** le climat de Nice.*
*Lyon **n'**est **pas aussi** grand que Paris.*
*Il pleut **autant** à Paris **qu'**à Londres.*
*Les nouveaux voisins font **autant de** bruit **que** les précédents.*

EXPRIMER LA SUPÉRIORITÉ

*Paris est **la plus grande ville** de France.*
*Paris est **la ville la plus grande** de France.*

EXPRIMER LE MANQUE
EXPRIMER L'EXCÈS

*La ville **manque de** transport.*
*Il n'y a **pas assez de** vie culturelle.*
*Il y a **peu d'**espaces verts.*
*Il y a **trop de** bruit.*

OÙ ET Y

*C'est une ville **où** il pleut beaucoup.*
*→ Il **y** pleut beaucoup.*

*C'est une ville **où** on parle français.*
*→ On **y** parle français.*

EXPRIMER DES OPINIONS

À mon avis...
Je pense que...
Pour moi ...

Je (ne) suis (pas) d'accord | ***avec** toi/vous.*
| ***avec** ce projet.*
| ***avec** Pierre.*

À mon avis, on vit mieux à la campagne qu' en ville.

Je ne suis pas d'accord.

Moi non plus...

6. LA VILLE MYSTÉRIEUSE

Par groupes, faites la description d'une ville que vous connaissez assez bien. Sans dire son nom, décrivez-la aux autres élèves de la classe. Ils doivent deviner de quelle ville il s'agit.

Cette ville est ....

Elle se trouve ....

On y parle ....

On y mange ....

Il y a ....

Il n'y a pas ....

En été / en hiver ....

C'est une ville où ....

....

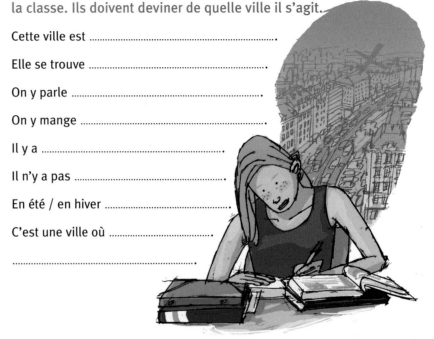

● C'est une grande ville où il fait très chaud en été. On y trouve beaucoup de belles églises. On y parle italien...
○ Rome !

7. LA VILLE OU LA CAMPAGNE ?

À votre avis, qu'est-ce qui caractérise le mieux la vie en ville et la vie à la campagne ? Par deux, classez les idées suivantes dans le tableau.

a. La vie est plus dure.
b. Il y a du bruit.
c. Il faut une voiture.
d. On est anonyme.
e. On a plus de relations avec les autres.
f. On s'ennuie vite.
g. La vie est plus chère.
h. On a le temps de vivre.
i. On a une meilleure qualité de vie.
j. On se sent seul.
k. On mange mieux.
l. Il y a beaucoup de spectacles et d'activités culturelles.
m. Il y a des problèmes de transport.
n. On n'a pas beaucoup de distractions.
o. L'hiver semble plus long.
p. ....

La vie en ville	La vie à la campagne

● Je pense qu'à la campagne on s'ennuie vite.
○ Je suis d'accord avec toi.

8. VILLEFRANCHE-SUR-GARENCE

A. Villefranche-sur-Garence est une ville imaginaire mais semblable à de nombreuses petites villes françaises. Lisez les informations récemment publiées dans la presse locale et identifiez en les soulignant les problèmes les plus graves de Villefranche.

Villefranche-sur-Garence

NOMBRE D'HABITANTS : 70 000
TAUX DE CHÔMAGE : HOMMES 9%, FEMMES 12%

Transport et Moyens de communication

Villefranche se trouve sur un axe de communication important qui relie le nord et le sud de la France. Les camions traversent la ville, les embouteillages sont permanents.

Il y a des problèmes de stationnement au centre-ville et les deux parkings publics accessibles à 500 voitures sont loin de suffire à la demande.

Il existe 5 lignes de bus. La cité des Myrtilles n'a pas de transport public.

Économie et Société

La cité des Myrtilles reste oubliée des autorités locales. Ce sont 3 000 logements construits en 1967 en plein *baby boom*. Il n'y a pas de transport public, pas de commerces, pas de centre sportif. Beaucoup de jeunes n'ont pas de travail et les actes de violence se multiplient.

Commerce

Deux hypermarchés situés à l'extérieur de la ville existent depuis 30 ans. Une nouvelle chaîne de super-marchés veut s'implanter au centre. Les petits commerçants du centre-ville s'opposent à ce projet.

Éducation et Santé

Il y a quatre écoles primaires (trois publiques et une privée), quatre crèches publiques et deux privées, trois collèges et deux lycées.

Il y a un hôpital (400 lits) et 2 cliniques privées (300 lits).

On observe une augmentation du nombre de toxicomanes : 220 recensés récemment. Il n'existe pas actuellement de structure d'accueil pour les toxicomanes, qui squattent les berges du fleuve ou dorment dans les parcs.

Il y a deux résidences pour les personnes âgées, l'une des deux n'est pas conforme aux normes légales de sécurité et de salubrité.

La population d'animaux domestiques (chiens, chats) pose un pro-blème de civisme : les parcs et les trottoirs sont sales à cause des excréments de chiens.

Culture et Loisirs

Il n'y a qu'un seul musée, le Musée de l'Histoire de la Ville.

Il y a un cinéma multisalle inté-gré à l'un des deux centres com-merciaux qui se trouvent à l'exté-rieur de la ville. Le vieux cinéma Rex n'est plus rentable et le bâti-ment est mal entretenu.

Installations sportives : Stade du Racing club, une piscine municipale et le Centre sportif des Quatre Tilleuls (basket-ball, tennis et athlétisme).

Écologie et Environnement

L'incinérateur est objet de polé-mique, avec ses rejets de dioxines et ses fumées toxiques. Les habitants des quartiers à l'ouest de Villefranche ont fait circuler une pétition pour l'élimination de ce qu'ils appellent le « brûle-parfums ».

L'intensité du trafic routier (axe nord-sud qui traverse la ville) est une source importante de pollution (bruits et gaz). La Mairie étudie un projet de rocade pour dévier la cir-culation.

Jean Marc Meyer

B. Une radio locale fait une enquête auprès des Villefranchois. Prenez note des problèmes évoqués.

C. Formez maintenant des groupes de trois et décidez quels sont les quatre problèmes les plus urgents de la ville. Ensuite informez la classe de votre choix.

● *Nous, nous pensons que les problèmes les plus graves sont ...*

ANTISÈCHE

À notre avis...
Nous pensons que...
Pour nous...

Le problème fondamental, c'est...

Le plus urgent,   *c'est de/d'...* construire / démolir / créer
      utile,   investir / améliorer / élargir /
      important,   fermer / ouvrir / déplacer
                     conserver / nettoyer /
                     promouvoir / engager
                     ...

Pour résoudre *le problème de la pollution*
il faut/il est nécessaire de...

C'est vrai, mais...
Vous avez raison, mais...

Ce n'est pas vrai...
Nous ne sommes pas d'accord avec... vous / ça.

9. LES FINANCES DE VILLEFRANCHE
A. Avec les autres membres de la classe vous devez prendre des décisions importantes concernant l'avenir de la ville. Le moment est venu de fixer les budgets pour l'année prochaine.
En groupes, relisez le rapport publié dans la presse et les notes que vous avez extraites de l'enquête radiophonique.
Vous disposez d'un budget de 200 millions d'euros pour investir en infrastructures neuves.
Combien consacrez-vous à chaque poste ?

● *Nous allons investir 5 millions dans la construction d'un parking parce que nous pensons que c'est urgent.*

B. Un porte-parole va défendre le budget de son groupe au cours d'une réunion du Conseil Municipal.
Les autres peuvent formuler des critiques.

10. DES CHANGEMENTS DANS VOTRE VILLE
Quels sont les choix qui vous semblent nécessaires pour mieux vivre dans votre ville ? Rédigez un petit texte sur votre ville et suggérez trois propositions pour améliorer la qualité de vie de ses habitants.

11. SOLUTIONS URBAINES

A. Les villes modernes doivent chaque jour faire face à de nouveaux problèmes. Lisez ce texte paru dans la presse et pensez à des solutions possibles pour les problèmes évoqués.

VIEILLES VILLES PROBLÈMES MODERNES !

D'après une récente enquête de l'Institut national de la statistique et des études économiques (INSEE), 54% des habitants des grandes villes classent le bruit en tête des nuisances les plus difficiles à supporter. Les problèmes de transport, le manque de places de stationnement, le vandalisme urbain et les files d'attente sont les autres problèmes évoqués. Les mairies cherchent des solutions, souvent consensuelles et originales, parfois autoritaires, pour améliorer la qualité de vie en ville. Voici quelques-uns des nouveaux problèmes auxquels doivent faire face les grandes villes.

■ La pyramide du Louvre

A. Dans les villes canadiennes, à l'entrée des concerts et des spectacles, on constate que les longues files d'attente peuvent provoquer des tensions entre les gens.

B. Après les grèves de l'hiver 1995, des bandes de jeunes circulent en rollers dans les rues de Paris.

C. Les tags et les graffitis envahissent Clermont-Ferrand.

D. Le stationnement sauvage paralyse le centre-ville d'Orléans.

E. Les déjections de pigeons provoquent beaucoup de dégâts dans les gares parisiennes.

F. La pyramide du Louvre est très difficile à nettoyer.

G. Les Parisiens subissent au quotidien un excès de bruits produits par les transports, le voisinage et les activités industrielles...

❑ 1. On diffuse de la musique adaptée à l'âge des gens dans la foule, on fait circuler le long des files des personnes déguisées en animaux qui font rire et saluent la foule.

❑ 2. Pour un euro, les vendredis et samedis soirs, de 20 h à 7 h du matin vous pouvez garer votre voiture dans les parkings municipaux.

❑ 3. Depuis peu, il suffit de remplir un formulaire municipal pour faire nettoyer gratuitement ses murs.

❑ 4. Des guides de haute montagne ont d'abord assuré ce travail. Aujourd'hui, il est fait par un robot.

❑ 5. Depuis 1979, il est interdit de nourrir les oiseaux dans les lieux publics.

❑ 6. Après plusieurs semaines de discussions avec la mairie, un parcours est négocié. Ils sont maintenant plus de mille à se déplacer écologiquement le vendredi soir.

❑ 7. La Mairie a établi diverses mesures de lutte contre le bruit : revêtements de chaussée, diminution de la vitesse et du volume de la circulation, travaux d'isolation des bâtiments publics.

B. Vous connaissez maintenant les problèmes; quelle est la solution qui, à votre avis, permet de résoudre chacun d'eux ?

12. UNE VILLE ANIMÉE ?

A. Regardez ces photos. Identifiez et décrivez ces lieux. Comment vivent ceux qui y habitent ? À quels éléments de la liste associez-vous ces photos ?

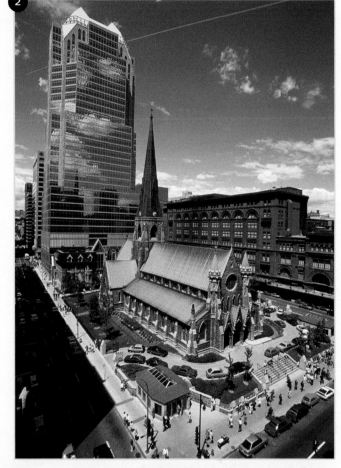

- des activités culturelles
- une grande qualité de vie
- une ville animée
- un climat humide
- le calme
- la gastronomie
- une population jeune
- une région agricole
- une ville française
- une résidence secondaire
- une ville américaine
- un quartier touristique
- autres...

- À mon avis, la première photo, c'est une région agricole.
- Oui, j'imagine que c'est un petit village très calme.

 B. Maintenant, écoutez quatre personnes qui parlent de ces lieux. À quelle photo correspond chaque interview ? Est-ce que cela coïncide avec ce que vous aviez dit dans l'activité A ?

C. Et vous ? Voulez-vous nous présenter les caractéristiques de votre ville ou bien d'un lieu où vous avez vécu ?

MÉMENTO GRAMMATICAL

QUI SOMMES-NOUS ?

IDENTIFIER QUELQUE CHOSE OU QUELQU'UN : C'EST/CE SONT

C'est et **ce sont** permettent d'identifier, de désigner ou de présenter quelque chose ou quelqu'un.

SINGULIER
- **C'est** *Isabelle Adjani ?*
- ○ *Non,* **c'est** *Carla Bruni, la chanteuse, ex top-modèle.*

- **Carine Nacar ?**
- ○ *Oui,* **c'est** *moi.*

PLURIEL
- **Ce sont** *les îles Seychelles ?*
- ○ *Non,* **ce sont** *les îles Comores.**

*À l'oral, dans un registre familier, on utilise souvent le singulier :
C'est *les îles Comores.*

À la forme négative on dit **ce n'est pas** et **ce ne sont pas**.

- *Jorge, c'est Jacques en français ?*
- ○ *Non,* **ce n'est pas** *Jacques, c'est Georges.*

- *La photo n° 4, ce sont les Pays-Bas ?*
- ○ *Non,* **ce ne sont pas** *les Pays-Bas.*

* À l'oral, dans un registre familier, on élimine souvent la particule **ne/n'** : **C'est pas** *Jacques* ;
C'est pas *les Pays-Bas.*

LES ARTICLES DÉFINIS

Les articles définis sont utilisés pour introduire dans le discours des êtres ou des choses que les interlocuteurs peuvent identifier, voient ou connaissent déjà.

- *Qui est-ce ?*
- ○ *C'est* **le** *professeur de français.*

- *C'est quel pays ?*
- ○ **La** *Norvège.*

	MASCULIN	FÉMININ
SINGULIER	**le** professeur	**la** directrice
	(devant une voyelle ou **h** muet) **l'**élève	
PLURIEL	**les** collègues	

Les noms de pays sont normalement introduits par un article défini.
Certains noms, pourtant, n'ont pas d'article. Par exemple : **Israël, Malte, Cuba**.

Les articles définis permettent aussi de faire des généralisations.

Les *professeurs doivent être patients.*
Les *voyages forment* **la** *jeunesse.*

SE PRÉSENTER : S'APPELER

- ● *Comment **tu t'appelles** ?*
- ○ ***Je m'appelle** Grazia.*

Le verbe **s'appeler** est un verbe en **-er**. C'est-à-dire, après la racine (**appell-appel**),
il se conjugue avec les désinences suivantes.

S'APPELER							
je m'appell	**-e**	[-]*	nous nous appel	**-ons**	[ɔ̃]		
tu t'appell	**-es**	[-]*	vous vous appel	**-ez**	[e]		
il/elle/on s'appell	**-e**	[-]*	ils/elles s'appell	**-ent**	[-]*		

*Des six personnes verbales, quatre ont la même prononciation : **je, tu, il**/**elle** et **ils**/**elles**.

LES PRONOMS PERSONNELS SUJETS

SINGULIER	je (j')	tu/vous	il/elle/on
PLURIEL	**nous**	**vous**	**ils/elles**

Les pronoms personnels sujets sont obligatoires dans la majorité des modalités
verbales et leur position la plus fréquente est devant le verbe.

- ● *Éric Descamps ?*
- ○ *Oui, **je** suis là.*   *Oui, suis là.*

- ● *Manuel ?*
- ○ ***Il** est absent.*   *Est absent.*

Le pronom personnel **tu**

Je, tu, nous et **vous** sont les pronoms de la conversation, de l'échange verbal.

Le pronom personnel **tu** s'utilise entre jeunes ou entre collègues de même niveau
hiérarchique, pour parler à un ami ou à quelqu'un de la famille.

- ● ***Tu** as une adresse électronique ?*
- ○ *Oui, j' épelle : G, R, A, Z, I, A, arobase, wanadoo, point, I, T.*

Le pronom personnel **vous**

Vous a deux valeurs. C'est la forme de politesse pour parler à une personne
que nous ne connaissons pas bien, à une personne plus âgée, etc.

- ● ***Vous** avez un numéro de téléphone ?*
- ○ *Non, mais j' ai une adresse électronique.*

Vous permet aussi de s'adresser à plusieurs personnes en même temps.

- ● *Pourquoi est-ce que **vous** apprenez le français ?*
- ○ *Moi, j' apprends le français parce que j' aime la culture française.*
- ■ *Moi, parce que mon papa est français.*

Les pronoms personnels **il**, **elle**, **ils** et **elles**

Il/**elle** et **ils**/**elles** s'emploient pour parler de quelqu'un ou de quelque chose. **Il** indique un sujet masculin singulier, **elle** indique un sujet féminin singulier. **Ils** indique un sujet masculin pluriel et **elles** indique un sujet féminin pluriel.

> *Tintin est un personnage de fiction. **Il** est toujours accompagné de Milou. **Ils** sont inséparables.*
> *C'est ma sœur, **elle** s'appelle Lidia.*
> *Ce sont mes sœurs, **elles** s'appellent Lidia et Katia.*

LES PRONOMS PERSONNELS TONIQUES

Les pronoms personnels toniques servent à renforcer le pronom personnel sujet.

> ***Moi**, je m'appelle Sarah.*

SINGULIER	moi	toi	lui/elle
PLURIEL	nous	vous	eux/elles

Contrairement aux pronoms personnels sujets, les pronoms toniques peuvent s'employer seuls, sans le verbe.

> ● *Comment tu t'appelles ?*
> ○ ***Moi**, je m'appelle Grazia, et **toi** ?* ~~Et toi ?~~
> ■ ***Moi**, Julio.* ~~Je Julio.~~

Avec **c'est**, on emploie les pronoms personnels à la forme tonique.

> ● *Carine Nacar ?*
> ○ *Oui, c'est **moi**.* ~~C'est je.~~

DEMANDER ET DONNER UNE EXPLICATION : POURQUOI ? POUR/PARCE QUE

Pourquoi est une question sur une cause inconnue. **Parce que** introduit une explication.

> ● ***Pourquoi** vous apprenez le français ?*
> ○ ***Parce que** j'aime la littérature française.*

Parce que devient **parce qu'** devant une voyelle.

> ● *Pourquoi Stefano apprend le français ?*
> ○ ***Parce qu'**il a une petite amie française.*

Pour introduit un objectif, un but que nous voulons atteindre.

> ● *Moi, j'apprends le français **pour** parler la langue de mon père.* (**POUR** + INFINITIF)
> ○ *Moi, **pour** le travail.* (**POUR** + NOM)

EXPRIMER UNE OPINION : CROIRE

> ● ***Je crois que** c'est le Luxembourg.*
> ○ *Moi, **je crois que** c'est la Belgique.*

CROIRE (**croi- croy**)	
je croi**s**	nous croy**ons**
tu croi**s**	vous croy**ez**
il/elle/on croi**t**	ils/elles croi**ent**

ELLE EST TRÈS SYMPA !

QUALIFIER QUELQUE CHOSE OU QUELQU'UN : L'ADJECTIF QUALIFICATIF

L'adjectif qualificatif permet de donner des informations sur les caractéristiques d'une personne ou d'un objet.

- ● *Il est **grand**, il a les yeux **bleus**, il est très **sympa**.*
- ○ *Je le connais, c'est David !*

Les adjectifs qualificatifs s'accordent en genre et en nombre avec le nom qu'ils qualifient.

*Le père est tunisi**en**, la mère est pakistan**aise** et les enfants sont espagno**ls**.*

L'ACCORD EN GENRE

En ce qui concerne le féminin des adjectifs, on distingue plusieurs catégories.

	MASCULIN	FÉMININ
L'adjectif s'écrit et se prononce de la même manière au masculin et au féminin	célibat**aire** sympathi**que** aim**able** facile jeune	célibat**aire** sympathi**que** aim**able** facile jeune
L'adjectif s'écrit d'une autre façon au féminin mais sa prononciation ne change pas	cher marié bleu espagnol traditionnel	ch**ère** mari**ée** bl**eue** espagn**ole** traditionn**elle**
L'adjectif s'écrit et se prononce différemment : consonne + **e**	grand [ã] intellig**ent** [ã] franç**ais** [e] mesqu**in** [ɛ̃] améric**ain** [ɛ̃]	gran**de** [ãd] intellig**ente** [ãt] franç**aise** [ɛz] mesqu**ine** [in] améric**aine** [ɛn]
L'adjectif s'écrit et se prononce différemment : redoublement de la consonne + **e**	italien [ɛ̃] bon [ɔ̃] gros [ɔ̃]	italien**ne** [ɛn] bon**ne** [ɔn] gros**se** [os]
Le changement graphique et phonétique est important	séri**eux** [ø] agress**if** [if] d**oux** [u] vi**eux** [ø] b**eau** [o]	séri**euse** [øz] agress**ive** [iv] d**ouce** [us] vi**eille** [ɛj] b**elle** [ɛl]

Ce sont des étudiantes françaises.

Ce sont des étudiants français.

L'ACCORD EN NOMBRE

Comme le nom, l'adjectif prend généralement un **-s** au pluriel.

C'est un étudiant motivé.   *Ce sont des étudiant**s** motivé**s**.*
C'est une fille très intelligente.   *Ce sont des fille**s** très intelligente**s**.*

Quand l'adjectif se termine par un **-s** ou un **-x** au singulier, il ne change pas au pluriel.

*Mon grand-père est très **vieux**.* *Mes grands-parents sont très **vieux**.*

L'adjectif **beau** prend un **-x** au pluriel.

*Le climat est très agréable. Les étés sont beau**x** et chauds.*

Certains adjectifs terminés en **-al** au masculin singulier, deviennent **-aux** au masculin pluriel.

*Julien est **génial**. Julien et Henri sont **géniaux** !*

ÊTRE	
je **suis** fatigué(e)	nous **sommes** fatigués(es)
tu **es** fatigué(e)	vous **êtes** fatigué(e)(s)(es)
il **est** fatigué	ils **sont** fatigués
elle **est** fatiguée	elles **sont** fatiguées

Pour les noms de professions, c'est comme pour des adjectifs qualificatifs.

*Je vous présente mon frère. Il est **acteur**.* *Il est ~~un~~ acteur.*
~~C'est acteur.~~

Avec le présentateur **c'est** (voir **Mémento grammatical** de l'Unité 1) l'adjectif se place normalement derrière le nom.

*C'est** un homme **sympathique**.* *C'est un ~~sympathique homme~~.*
*Ce sont** des enfants très **polis**.* *Ce sont des ~~polis enfants~~.*

Mais certains adjectifs très fréquents se placent souvent devant.

*C'est** un **excellent** étudiant.*
*C'est** une **bonne** élève.*

Ces adjectifs sont, par exemple : **excellent, bon, mauvais, jeune, vieux, petit, grand, beau, joli, gros, gentil**.

LES DEGRÉS D'INTENSITÉ : TRÈS, UN (PETIT) PEU, PAS DU TOUT

Très permet d'augmenter la qualité attribuée à un être. Il est placé devant l'adjectif.

● *Le nouveau prof est sympathique, tu ne trouves pas ?*
○ *Oui, il est **très** sympathique.*

Pour diminuer la qualité attribuée à un être on utilise **pas très**.

● *Le nouveau prof (n')est **pas très** beau.*
○ *C'est vrai.*

Un (petit) peu ne s'utilise pas avec tous les adjectifs. Cette forme sert à atténuer le sens d'un adjectif à valeur négative.

*Excusez-moi, je suis **un (petit) peu** distrait. Vous pouvez répéter ?*

Pas du tout est une négation absolue.

*Le prof de maths **n**'est **pas du tout** agréable avec ses élèves.*

L'ÂGE

● *Quel âge tu as ?*   ● *Quel âge vous avez ?*
○ *Seize ans.*   ○ *J'ai* vingt-cinq ans.   *Je ~~suis 25~~ ans.*

un bébé de 9 mois
une femme de trente-cinq ans

Pour donner un âge approximatif.

*trente-cinq ans **environ***
*un **enfant** (un **petit garçon** ; une **petite fille**)*
*une **jeune fille** ; un **jeune garçon** / **homme***
*un **homme** / une **femme d'âge moyen***
*une **personne âgée***

AVOIR	
j'**ai**	nous **avons**
tu **as**	vous **avez**
il/elle/on **a**	ils/elles **ont**

PARLER DE SES ÉTUDES OU DE SON ACTIVITÉ PROFESSIONNELLE

● *Qu'est-ce que vous faites dans la vie ?*
○ *Je **suis** informaticien.*
■ *Je **travaille** dans le tourisme.*
❏ *J'**étudie** les langues orientales.*

LE PRÉSENT DE L'INDICATIF : ÉTUDIER, TRAVAILLER

Étudier, travailler et beaucoup d'autres sont des verbes en **-er**.
Après la racine (**étudi-, travaill-**), ils ont les mêmes désinences.

ÉTUDIER			TRAVAILLER		
j'étudi	**-e**	[-]	je travaill	**-e**	[-]
tu étudi	**-es**	[-]	tu travaill	**-es**	[-]
il/elle/on étudi	**-e**	[-]	il/elle/on travaill	**-e**	[-]
nous étudi	**-ons**	[ɔ̃]	nous travaill	**-ons**	[ɔ̃]
vous étudi	**-ez**	[e]	vous travaill	**-ez**	[e]
ils/elles étudi	**-ent**	[-]	ils/elles travaill	**-ent**	[-]

Les désinences **-e, -es, -e, -ent** s'écrivent mais ne se prononcent pas.
Pour cette raison, les pronoms personnels sujets sont indispensables.

LA NÉGATION ABSOLUE : NE ... PAS

Ne et **pas** sont deux particules négatives.
Ne est placé avant le verbe conjugué et **pas** est placé après.

*Je **ne** comprends **pas**.*

Devant **a, e, i, o, u** et **h** muet, **ne** devient **n'**.

  *Il **n'**est **pas** très sympathique.*
  *Je **n'**aime **pas** le football.*

A l'oral et dans un registre de langue familier, **ne** disparaît.

  *J' Ø ai **pas** compris.*
  *Il Ø parle **pas** anglais.*
  *Actuellement nous Ø travaillons **pas**.*

Pas peut s'utiliser seul devant un pronom tonique, un nom, un adjectif ou un adverbe.

  ● *Qui veut jouer au tennis avec moi ?*
  ○ ***Pas** moi !*

  ● *Tu veux aller à la piscine ?*
  ○ ***Pas** aujourd' hui.*

  ● *Comment sont vos nouveaux voisins ?*
  ○ ***Pas** aimables du tout.*

  ● *Vous parlez italien ?*
  ○ *Oui, mais **pas** bien.*

LA RELATION D'APPARTENANCE : LES ADJECTIFS POSSESSIFS

Les adjectifs possessifs servent à indiquer une relation d'appartenance.

  ● *Comment s' appellent les enfants **de** Monsieur Engelmann ?*
  ○ ***Sa** fille s' appelle Nathalie et **son** fils David.*

  *Je vous présente **ma** famille : **ma** femme Angela, **ma** fille Carlota et **mon** fils Marco.*

UN SEUL POSSESSEUR

	MASCULIN SINGULIER	FÉMININ SINGULIER	MASCULIN OU FÉMININ PLURIEL
je	**mon** père	**ma** mère	**mes** parents
tu	**ton** père	**ta** mère	**tes** parents
il/elle	**son** père	**sa** mère	**ses** parents

On utilise l'adjectif possessif au masculin singulier (**mon, ton** et **son**) devant un nom féminin singulier qui commence par **a, e, i, o, u** et **h** muet :

  *Vous connaissez **mon** ami**e** Isabelle ?*

PLUSIEURS POSSESSEURS

	SINGULIER MASCULIN OU FÉMININ	MASCULIN OU FÉMININ PLURIEL
nous	**notre** ami/e	**nos** amis/ies
vous	**votre** ami/e	**vos** amis/ies
ils/elles	**leur** ami/e	**leurs** amis/ies

*J' ai rencontré les enfants **des** Cavallini : **leur** fils Patrick est très amusant et **leurs** deux filles, Gisèle et Claudine, sont adorables !*

Les adjectifs possessifs ne s'ajoutent pas aux articles.

*Je vous présente **mes** parents.* ~~les mes~~ *parents.*

LES ARTICLES CONTRACTÉS : DU/DES

Du est la forme contractée de la préposition **de** et de l'article défini **le**. **Des** est la forme contractée de la préposition **de** et de l'article défini **les**. L'article défini **la** ne se contracte pas.

*Le fils **du** dentiste a 15 ans.* *Le fils ~~de le~~ dentiste*
*Les enfants **des** voisins sont très petits.* *Les enfants ~~de les~~ voisins*
*« Le mari **de la** coiffeuse » est un film français.*

Ces formes sont très utiles quand les mots manquent pour définir quelque chose ou quelqu'un.

● *Comment on appelle le père **du** père ?*
○ *Le grand-père.*

● *C'est son frère ?*
○ *Non, c'est le fils **du** deuxième mari **de** sa mère.*

EN ROUTE !

INDIQUER LA PRÉSENCE OU L'EXISTENCE : IL Y A

Il y a est une forme impersonnelle qui permet d'indiquer la présence ou l'existence d'objets, de personnes, d'êtres ou de services. **Il y a** sert pour le singulier comme pour le pluriel.

SINGULIER
- *Il y a une pharmacie près d' ici ?*
- ○ *Oui, il y a une grande pharmacie dans la rue Victor Hugo.*

PLURIEL
- *Est-ce qu' il y a des commerces dans ce club de vacances ?*
- ○ *Non, il n'y a pas de commerces mais il y a une bonne épicerie à cinq minutes.*

À la forme négative on utilise **il n'y a pas de/d'**.

À Lans, il n'y a pas | *de piscine municipale.*
| *de commerces.*
| *d'office de tourisme.*

LES ARTICLES INDÉFINIS

Les articles indéfinis s'utilisent pour introduire pour la première fois un objet dans le discours.

À Oroques, il y a | *un bon hôtel au centre-ville.*
| *une piscine municipale.*
| *des chambres d' hôtes très confortables.*

Une fois que l'objet est connu, on peut le reprendre avec d'autres articles.

À Oroques, il y a un bon hôtel au centre-ville : l' Hôtel de la Place.

	SINGULIER	PLURIEL
Il y a	**une** pharmacie. **un** office de tourisme.	**des** magasins.

PARLER DE SES GOÛTS : AIMER

j'aim**e**	
tu aim**es**	
il/elle/on aim**e**	le tennis. (NOM)
nous aim**ons**	faire du tennis. (INFINITIF)
vous aim**ez**	
ils/elles aim**ent**	

Pour demander à une personne si elle aime quelque chose.

- **Est-ce que vous aimez** le fromage ?
- ○ *Oui, beaucoup.*

- **Tu aimes** faire du ski ?*
- ○ *Non, pas beaucoup.*

* À l'oral, dans un registre familier, l'intonation montante indique que c'est une question.

Pour demander a une personne ce qu'elle aime :

● **Qu'est-ce que vous aimez** *comme sport?*
○ *Le rugby et le ski.*

☺	☹
j'aime **beaucoup**	je **n'aime pas beaucoup**
j'aime **bien**	je **n'aime pas du tout**

Je n'aime pas du tout la viande !

PARLER DE SES ACTIVITÉS ET DE SES LOISIRS

● **Qu'est-ce que vous** *étudiez ?*
○ *Moi, la géographie.*
■ *Moi, les mathématiques.*

● **Qu'est-ce que vous faites** *le week-end ?*
○ *Moi, je fais du sport : du tennis et de la natation.*
■ *Moi, je vais en discothèque avec mes amis.*
❑ *Moi, je regarde la télévision.*

FAIRE	
je **fais**	
tu **fais**	**du** piano
il/elle/on **fait**	**de la** cuisine
nous **faisons**	**de l'**équitation
vous **faites**	**des** voyages
ils/elles **font**	

LES ARTICLES PARTITIFS

Les articles partitifs permettent de parler d'un objet sans considérer son nombre.

*En France, on mange **du** bon fromage.*   *on mange ~~bon~~ fromage*

*À Chamonix, on respire **de l'**air pur.*   *on respire ~~air~~ pur*

*Le 21 juin, en France, on écoute **de la** musique partout.*   *on écoute ~~la~~ musique partout*

	MASCULIN	FÉMININ
SINGULIER	**du** fromage	**de la** musique
(devant une voyelle)	**de l'**air	
PLURIEL	**des** frites	

Il est possible de présenter un objet d'abord comme un non-comptable (avec un partitif) et puis comme un comptable.

● *Il y a **du** coca-cola ?*
○ *Oui, tu as de la chance; il reste **un** coca-cola dans le réfrigérateur !*

PLUSIEURS, BEAUCOUP DE

Si vous voulez parler d'une quantité imprécise, vous pouvez utiliser **plusieurs**
ou **beaucoup de**.

> *Il y a **plusieurs** restaurants à Oroques.* (NOM MASCULIN PLURIEL)
> *piscines à Oroques.* (NOM FÉMININ PLURIEL)

Tandis que **plusieurs** s'utilise seulement pour des objets comptables, **beaucoup de** s'utilise
pour des objets comptables et non-comptables.

COMPTABLE
*Il y a **beaucoup de** restaurants à Oroques.* (NOM MASCULIN PLURIEL)
beaucoup d̶e̶s̶ restaurants
*Jean a **beaucoup d'**amies.* (NOM FÉMININ PLURIEL)
beaucoup d̶e̶s̶ amies.

NON-COMPTABLE
*Il y a **beaucoup de** soleil à Nice.* (NOM MASCULIN SINGULIER)
*Cette année, il y a **beaucoup de** neige dans les Alpes.* (NOM FÉMININ SINGULIER)

EXPRIMER SES DÉSIRS, SES ENVIES : AVOIR ENVIE DE/D'

AVOIR	
j'**ai**	
tu **as**	
il/elle/on **a**	**envie de** soleil. (NOM)
nous **avons**	**envie d'**aller en Afrique. (INFINITIF)
vous **avez**	
ils/elles **ont**	

EXPRIMER SES PRÉFÉRENCES : PRÉFÉRER

● *Moi, **je préfère** voyager en voiture.* (INFINITIF)
○ *Nous, **nous préférons** prendre le train.* (INFINITIF)

● *Moi, **je préfère** l'hôtel.* (NOM)
○ *Nous, **nous préférons** le camping sauvage.* (NOM)

PRONOMS TONIQUES

Les pronoms toniques s'utilisent pour renforcer le sujet.

● ***Moi,** j'aime beaucoup sortir la nuit. Et **toi** ?*   E̶t̶ ̶t̶u̶ ?
○ ***Moi,** je préfère faire du sport.*

SINGULIER	moi	toi	lui/elle
PLURIEL	nous	vous	eux/elles

VERBES PRONOMINAUX

Certains verbes sont pronominaux. C'est-à-dire que le sujet est accompagné d'un autre pronom personnel (**me, te, se, nous, vous, se**) qui représente la même personne.

● *À quelle heure tu **te** lèves le matin ?*
○ *Je **me** lève à 6 heures trente.*

*Pour aller au travail, Aurélie **s'** habille de manière classique mais pour aller en boîte, elle **s'** habille très mode.*

SE LEVER (lèv-lev)	
je **me** lève	nous **nous** levons
tu **te** lèves	vous **vous** levez
il/elle/on **se** lève	ils/elles **se** lèvent

Les particules négatives **ne** et **pas** se placent ainsi.

*Mario (**ne**) se couche **pas** tard le soir.*
*Le week-end, nous (**ne**) nous levons **pas** avant 11 heures.*

LA FRÉQUENCE

Toujours, souvent, quelquefois, rarement, deux fois (par semaine), etc. sont des adverbes qui indiquent si une action est plus ou moins fréquente. En général, ils se placent après le verbe conjugué.

*Je mange **toujours** à la même heure.*   *Je ~~toujours~~ mange à la même heure.*
*Nous allons **souvent** au cinéma.*
*Alex joue au tennis **deux fois par semaine**.*

Ces adverbes peuvent aussi s'employer seuls.

● *Est-ce que vous fumez des cigares ?*
○ ***Rarement**.*

> Vous regardez souvent la télé ?

> Moi, jamais !

Toujours
　Souvent
　　Quelquefois
　　　Rarement
　　　　Jamais

LA NÉGATION : NE ... JAMAIS

Ne est placé avant le verbe conjugué et **jamais** est placé après.

*Je **ne** prends **jamais** de café l'après-midi.*   *Je ne prends ~~pas jamais~~ de café.*

A l'oral et dans un registre de langue familière, **ne** disparaît.

*Je Ø fais **jamais** la sieste.*

Jamais peut s'utiliser seul.

● *Vous regardez la télévision le soir ?*
○ ***Jamais**.*

LE LUNDI, L'APRÈS-MIDI, TOUS LES JEUDIS...

L'article défini singulier devant les jours de la semaine ou les moments de la journée indique une habitude, une action que l'on fait régulièrement.

● *Toni, est-ce que tu joues souvent au tennis ?*
○ *Oui, **le vendredi**.*

● *À quelle heure vous vous levez **le matin** ?*
○ *En général, à six heures.*

Au lieu de dire **le vendredi, le matin...** on peut dire aussi : **tous les vendredis, tous les matins.**

LA QUANTITÉ

Peu et beaucoup

Peu et **beaucoup** sont des adverbes de quantité. Placés après le verbe conjugué, ils modulent son sens ; **peu** indique une petite quantité et **beaucoup** indique une grande quantité.

● *Tu manges **peu**, tu n' as pas faim ?*
○ *Si, j' ai terriblement faim, mais je suis au régime.*

● *Tu as l' air fatigué ?*
○ *Oui, je travaille **beaucoup**.*

Quand ils sont suivis d'un nom, il faut ajouter la préposition **de**.

*Le poisson est un aliment sain qui contient **peu de graisses**.*

Trop et pas assez

Trop et **pas assez** sont des adverbes de quantité qui expriment un point de vue subjectif. Le locuteur donne son opinion à propos d'une quantité qu'il juge excessive (**trop**) ou insuffisante (**pas assez**).

● *Je fais des exercices de français 10 minutes par jour.*
○ *C'est **pas assez** !*
■ *C'est **trop** !*

Quand **trop** et **pas assez** sont suivis d'un nom, il faut ajouter la préposition **de**.

● *Je prends quatre cafés par jour.*
○ *Vous prenez **trop de café** !*   *Vous prenez ~~très de café~~.*

Plus et moins

Plus et **moins** sont des adverbes de quantité qui établissent une comparaison.

*Vous dormez 5 heures par nuit ? C'est peu. Il faut dormir **plus** !*

Quand **plus** et **moins** sont suivis d'un nom, il faut ajouter la préposition **de**.

*Vous buvez un demi-litre d'eau par jour ? Ce n'est pas assez ! Il faut boire **plus d'eau**.*

Tu ne dors pas assez ! Il faut dormir plus !

POSER UNE QUESTION : EST-CE QUE ... ?

Pour poser une question totale, on utilise la forme interrogative **est-ce que ... ?**

- ● **Est-ce que** vous parlez anglais ?
- ○ Oui, un peu.

- ● **Est-ce que** vous avez compris ?
- ○ Non, pas très bien.

À l'oral et en registre de langue familière, la question peut être exprimée par une intonation montante.

- ● **Vous avez compris ?**
- ○ Non, pas très bien.

- ● **Vous faites du sport ?**
- ○ Oui, de la natation trois fois par semaine.

OUI, NON, SI

Quand la question introduite par **est-ce que** (ou par une intonation montante) contient une négation, la réponse est **si** pour signifier **oui**.

- ● Vous **ne** faites **jamais** de sport ?
- ○ **Si**, de la natation trois fois par semaine.

La réponse est **non** pour confirmer l'information demandée.

- ● Vous **n'** êtes **pas** français ?
- ○ **Non**, je suis luxembourgeois.

DONNER DES CONSEILS, FAIRE DES RECOMMANDATIONS

Pour donner un conseil ou faire une recommandation, il y a plusieurs moyens.

Le verbe **devoir**

Le verbe **devoir** suivi d'un verbe à l'infinitif indique qu'une action est nécessaire ou obligatoire.

Vous êtes très stressé, vous **devez** vous détendre !

Je **dois** faire des courses, je n' ai plus rien à manger à la maison.

- ● Tu viens avec moi au cinéma ?
- ○ Impossible ! Je **dois** finir un travail pour demain.

DEVOIR (doi-dev-doiv)	
je **doi** -s	
tu **doi** -s	
il/elle/on **doi** -t	prendre des vacances.
nous **dev** -ons	boire moins de café.
vous **dev** -ez	
ils/elles **doiv** -ent	

Il faut, il est important de ..., il est nécessaire de ...

Il faut, il est important de/d', il est nécessaire de/d' sont des structures impersonnelles. C'est-à-dire que le pronom sujet **il** ne se réfère pas à une personne concrète. **Il** est strictement un sujet grammatical. **Il faut, il est important de/d', il est nécessaire de/d'** suivis d'un verbe à l'infinitif expriment qu'une action est nécessaire ou obligatoire.

> *Pour être en bonne santé, **il est nécessaire d'** avoir une alimentation variée.*

> ● *J' ai mal au dos.*
> ○ *Il faut faire 10 minutes d'exercices de relaxation par jour.*

L'impératif

L'impératif est un mode verbal qui permet d'exprimer un ordre, une recommandation, un conseil.

> ***Ne faites pas** de bruit, s' il vous plaît !*

> ● *J' ai mal au dos.*
> ○ ***Faites** 10 minutes d'exercices de relaxation par jour.*

À l'impératif, il y a seulement trois personnes et on n'utilise pas les pronoms personnels sujets.

		AFFIRMATION	NÉGATION
PRENDRE	(tu)	Prends !	Ne prends pas !
DORMIR	(nous)	Dormons !	Ne dormons pas !
BOIRE	(vous)	Buvez !	Ne buvez pas !

Le **-s** de la deuxième personne des verbes en **-er** disparaît à l'impératif.

> ***Va** chez ta grand-mère et surtout ne **parle** pas avec des inconnus !*
> *(Le Petit chaperon rouge)*

Les verbes pronominaux à l'impératif affirmatif sont suivis des pronoms toniques.

	AFFIRMATION	NÉGATION
SE LEVER	Lève-**toi** !	Ne **te** lève pas !
S'AMUSER	Amusez-**vous** !	Ne **vous** amusez pas !

Les verbes **être** et **avoir** ont une forme propre à l'impératif.

ÊTRE	**Sois** sage !	**Soyons** prêts !	**Soyez** aimables !
AVOIR	N'**aie** pas peur !	N'**ayons** pas peur !	**Ayez** l'air aimable !

VOUS PARLEZ ITALIEN ?

LES NOMS DE PROFESSIONS

Pour indiquer notre profession (ou notre activité principale), on ne met pas d'article devant le nom.

Je suis acteur.   Je suis ~~un acteur~~
Elle est médecin.   Elle est ~~une médecin.~~

Le nom varie en genre et en nombre.

Pierre est enseignant	(MASCULIN SINGULIER)
Marie est enseignante	(FÉMININ SINGULIER)
Ils sont enseignants	(MASCULIN PLURIEL)
Elles sont enseignantes	(FÉMININ PLURIEL)

Qui est-ce ?
Un acteur
célèbre ?

On forme le féminin des noms
de différentes manières.

	MASCULIN	FÉMININ
Le nom s'écrit et se prononce de la même manière au masculin et au féminin.	un juge un interprète un architecte	une juge une interprète une architecte
Le nom a une forme différente au féminin mais sa prononciation ne change pas.	un auteur un employé	une auteure une employée
Le nom s'écrit et se prononce différemment : consonne + **e**.	un étudiant [ã] un marchand [ã]	une étudiante [ãt] une marchande [ãd]
Le nom s'écrit et se prononce différemment : redoublement de la consonne + **e**.	un lycéen [ɛ̃] un pharmacien [ɛ̃]	une lycéenne [ɛn] une pharmacienne [ɛn]
Le nom s'écrit et se prononce différemment : -**er** → -**ère** -**eur** → -**euse** -**teur** → -**trice**	un boulanger [e] un vendeur [œr] un acteur [tœr]	une boulangère [ɛr] une vendeuse [œz] une actrice [tris]

PARLER DE SES EXPÉRIENCES ET DE SON HISTOIRE : LE PASSÉ COMPOSÉ

Le passé composé sert à parler de nos expériences. En ce sens le passé composé a une **valeur résultative** ; on peut constater une conséquence, un résultat dans le présent d'une action passée.

Le résultat dans le présent peut, par exemple, être une nouvelle compétence.

- *Vous parlez des langues étrangères ?*
- *J'ai vécu* deux ans en Angleterre, *je parle bien l'anglais.*

Le résultat dans le présent peut aussi être un état.

- *Tu n' as pas l' air en forme !*
- *Je n'ai pas dormi* cette nuit, *je suis très fatigué.*

Le passé composé sert à raconter l'histoire. En ce sens, le passé composé a une valeur d'**accompli au passé**.

> Marco Polo **a vécu** 16 ans en Chine.

> Victor Hugo **a publié** Les Misérables en 1862.

> **Je suis née** en 1984 en Pologne. L'année suivante ma famille **est venue** vivre à Paris.
> **J'ai fait** toute ma scolarité en français et, à 19 ans, **je suis partie** travailler en Allemagne,
> à Cologne.

FORMATION DU PASSÉ COMPOSÉ

Le passé composé est formé d'un auxiliaire (**avoir** ou **être** au présent de l'indicatif),
suivi du participe passé du verbe. La plupart des verbes se conjuguent avec l'auxiliaire **avoir**.

> J' **ai écouté** le dernier album de Salif Keita. J' adore !
> Nous **avons marché** pendant des heures. J'ai les pieds en compote !

Les verbes qui expriment **une transformation** du sujet qui **passe d'un état à un autre** ou
d'un lieu à un autre se conjuguent avec l'auxiliaire **être**. C'est le cas des verbes pronominaux.

> **Je me suis réveillée** à 10 heures ce matin.
> **Ils se sont mariés** l'année dernière.

C'est aussi le cas de certains verbes intransitifs, de leur contraire sémantique et généralement de leurs dérivés : **naître, mourir, venir, devenir, revenir, apparaître, arriver, partir, entrer, rentrer, sortir, monter, descendre, aller, rester, passer, tomber**...

> ● **Tu es allé** au cinéma ce week-end ?
> ○ Non, **je suis resté** tranquillement chez moi.

> Marilyn Monroe **est née** en 1926. **Elle est morte** très jeune, à 36 ans.

Attention ! Certains verbes, également intransitifs et qui signalent un déplacement,
se conjuguent avec **avoir** parce qu'ils n'expriment pas que le sujet passe d'un lieu à un autre.

> J' **ai couru** toute la journée !   Je ~~suis couru~~ toute la journée !
> Nous **avons** beaucoup **voyagé** l'été dernier.   Nous ~~sommes beaucoup voyagé.~~
> Ils **ont marché** pendant des heures.   Ils ~~sont marchés~~ pendant des heures.

À la forme négative

À la forme négative, les particules **ne** et **pas** encadrent l'auxiliaire.

> Je **n'**ai **pas** compris. Vous pouvez répéter, s' il vous plaît ?
> Je **ne** me suis **pas** réveillé ce matin. Mon réveil **n'**a **pas** sonné.
> C'est un film horrible, nous **ne** sommes **pas** restés jusqu' à la fin.

À l'oral et en registre de langue familier, la particule négative **ne** s'efface souvent.

> ● Tu as vu le dernier film de Chéreau ?
> ○ Non, je l' ai **pas** vu. Il est bien ?

On y va ?

Non, je n'ai pas fini !

Daniel est parti | ***ce matin à*** *8 heures*
| ***hier (matin / midi / après-midi / soir)***
| ***lundi / mardi, ...*** *(matin / midi / après-midi / soir)*
| ***lundi dernier / la semaine dernière / le mois dernier / l'année dernière***

- ● *À quelle heure tu es rentré cette nuit ?*
- ○ *Pas très tard,* ***à*** *2 heures* ***du matin.***

> Nous nous sommes rencontrés il y a deux heures!

IL Y A

Il y a suivi d'une expression de durée permet aussi de situer l'action dans le passé.

- ● *Quand est-ce que vous vous êtes rencontrés ?*
- ○ ***Il y a*** *deux ans.*

- ● *Tu as déjeuné ?*
- ○ *Oui,* ***il y a*** *une demi-heure.*

On a découvert la solution ***il y a*** | *cinq minutes.*
| *une heure.*
| *deux jours.*
| *trois mois.*
| *un siècle.*

Il y a peut être suivi d'une expression de durée imprécise.

- ● *Quand est-ce que vous vous êtes mariés ?*
- ○ *Oh,* ***il y a*** *longtemps !*

EXPRIMER LA DURÉE DANS LE PASSÉ

J' ai travaillé (pendant) ***deux jours / une semaine / trois mois / cinq ans / longtemps...***
comme interprète.

PARLER DE SES COMPÉTENCES : **CONNAÎTRE** ET **SAVOIR**

- ● *Vous* ***connaissez*** *la théorie du Big Bang ?*
- ○ *Oui, assez bien. Je l' ai étudié à l' école.*

Je (ne) ***connais*** *(pas) la théorie du Big Bang / la solution / le nom de mon professeur / Paris / ...*

Attention ! *Je ~~connais jouer~~ de la guitare.*

CONNAÎTRE **(connai-connaî-connaiss)**
je connai**s**
tu connai**s**
il/elle/on connaî**t**
nous connaiss**ons**
vous connaiss**ez**
ils/elles connaiss**ent**

Le verbe **savoir** exprime la maîtrise d'une compétence mentale ou bien physique.

*Gabrielle est une enfant douée, elle ne **sait** pas encore écrire mais elle **sait** déjà lire.*

● *Qu'est-ce que **vous savez** faire ?*
○ ***Je sais** jouer du piano, conduire, faire des crêpes, jouer au tennis, jouer aux échecs, parler anglais, japonais et chinois, chanter, danser le cha cha cha, le tango et la polka. **Je sais** tout faire !*

SAVOIR **(sai-sav)**
je sai**s**
tu sai**s**
il/elle/on sai**t**
nous sav**ons**
vous sav**ez**
ils/elles sav**ent**

EXPRIMER SES INTENTIONS OU SA VOLONTÉ : **VOULOIR**

● *Qu'est-ce que **vous voulez** faire plus tard ?*
○ *Moi, **je veux** travailler avec les enfants. **Je veux** être institutrice.*
■ *Eh bien moi, **je veux** être vétérinaire. J'aime beaucoup les animaux.*
❏ *Moi, je ne sais pas encore.*

VOULOIR **(veu-voul-veul)**
je veu**x**
tu veu**x**
il/elle/on veu**t**
nous voul**ons**
vous voul**ez**
ils/elles veul**ent**

Qu'est-ce que vous voulez ?

On veut plus d'argent !

ÇA COÛTE COMBIEN ?

AVOIR UN, UNE, DES ... / NE PAS AVOIR DE

● *Tu as* une voiture ?
○ *Non, j'ai* une moto.

Avoir ou ne pas avoir, telle est la question... !

AVOIR	
J'**ai**	une maison sur la Côte d'Azur.
Tu **as**	un problème.
Il/Elle **a**	des vacances en septembre.
Nous **avons**	des amis français.
Vous **avez**	de l'argent.
Ils/Elles **ont**	du travail.

À la forme négative, les articles indéfinis (**un, une, des**) et les articles partitifs
(**du, de la, de l'**) sont remplacés par la préposition **de/d'**.

*Je n' ai pas **de** maison sur la Côte d' Azur.*
*Tu n' as pas **de** problème.*
*Il n' a pas **de** vacances.*
*Nous n' avons pas **d'**amis.*
*Vous n' avez pas **d'**argent.*
*Ils n' ont pas **de** travail.*

EXPRIMER LA NÉCESSITÉ : AVOIR BESOIN DE

J'**ai**		(INFINITIF)
Tu **as**		prendre des vacances.
Il/Elle/On **a**	**besoin de/d'**	aller au supermarché.
Nous **avons**		(NOM)
Vous **avez**		aspirine.
Ils/Elles **ont**		un ordinateur portable.

À la forme négative on dit :

*Je **n'ai pas besoin de**/d' prendre des vacances.*
aspirine.
(un) ordinateur.

CHEZ

Chez est une préposition qui indique un lieu. **Chez** est suivi d'un nom commun,
d'un nom propre ou d'un pronom tonique qui désigne une personne.

● *Tu sors ?*
○ *Je vais **chez le pharmacien**.* (NOM COMMUN)

Attention !   *Je vais ~~chez la pharmacie~~.*   *Je vais ~~à chez~~ le pharmacien.*

● *Où est Colin ?*
○ *Il est **chez Chloé**.* (NOM PROPRE)   *Il est ~~à chez~~ Chloé.*

● *Qu'est-ce que tu fais ce week-end ?*
○ *Je reste **chez moi**.* (PRONOM TONIQUE)   *Je reste ~~à chez~~ moi.*

Chez + pronoms toniques

	moi
	toi
chez	*lui/elle*
	nous
	vous
	eux/elles

Pour les prépositions de lieu **à, en, à la, à l', au** et **aux**, voir le **Mémento grammatical** de l'Unité 5.

COMPTER : LES NOMBRES

Un fait **une** au féminin.

● *Combien de personnes il y a dans notre classe ?*
○ *Vingt et **une** personnes.*

***un** euro*	***une** livre sterling*
*vingt et **un** étudiants*	*vingt et **une** étudiantes*
*soixante et **un** ans*	*soixante et **une** personnes*

1	un/**e**	61	soixante **et** un/**e**
11	onze	71	soixante **et** onze
21	vingt **et** un/**e**	80	quatre-vingts
31	trente **et** un/**e**	81	quatre-vingt-un/**e**
41	quarante **et** un/**e**	91	quatre-vingt-onze
51	cinquante **et** un/**e**	101	cent un/**e**

DEMANDER ET DONNER LE PRIX

(SINGULIER)
● ***Combien coûte** ce pantalon ?*
○ *Il **coûte** 89 euros.*

(PLURIEL)
● ***Combien coûtent** ces chaussures ?*
○ *Elles **coûtent** 210 euros.*

À l'oral, dans un registre familier, le mot interrogatif est très souvent placé à la fin de la question.

*Ce pantalon coûte **combien** ?*
*Ces chaussures coûtent **combien** ?*

Pour demander ou donner le prix sans préciser le nom de l'objet, on peut dire.

● ***C'est combien ?***   ● ***Combien ça coûte ?***
○ *89 euros.*   ○ *210 euros.*

Au moment de payer tout ce que nous voulons acheter, on peut dire.

● **Combien ça fait ?**
○ *299 euros.*

POUR DÉSIGNER UN OBJET : LES DÉMONSTRATIFS

Les adjectifs démonstratifs servent à désigner des objets ou des personnes.

Ce pantalon coûte combien ?
Comment s'appelle cette fille ?

MASCULIN SINGULIER	ce manteau
	cet anorak, cet homme
	(devant un nom masculin qui commence par une voyelle ou un **h** muet)
FÉMININ SINGULIER	cette robe
PLURIEL	ces chaussures

Les pronoms démonstratifs permettent de désigner des objets et des personnes sans les nommer.

● *Quel chapeau tu préfères ?*
○ **Celui-ci.**
● *Et toi ?*
◻ *Moi, celui-là.*

MASCULIN SINGULIER	celui-ci, celui-là
FÉMININ SINGULIER	celle-ci, celle-là
MASCULIN PLURIEL	ceux-ci, ceux-là
FÉMININ PLURIEL	celles-ci, celles-là

ÇA, CELA

Si on ne connaît pas le nom d'un objet, on peut le désigner par le pronom neutre **ça** (forme réduite de **cela**).

● *Combien ça coûte ?*
○ *30 euros.*

● *Qu'est-ce que vous désirez ?*
○ **Cela.**

Ça et **cela** ne peuvent pas désigner une personne.

● *C'est qui Arnaud ?*
○ *C'est lui.*

EST-CE QUE, QU'EST-CE QUE

Est-ce que sert à poser une question totale. C'est-à-dire que la réponse peut être **oui** ou **non**.

- ● *Est-ce que vous voulez un café ?*   ~~Qu'est-ce que vous~~ *voulez un café ?*
- ○ *Oui, volontiers !*
- ■ *Non merci !*

Devant une voyelle, **est-ce que** devient **est-ce qu'**.

- ● *Est-ce qu'il y a un bon film à la télé ce soir ?*
- ○ *Non.*

À l'oral, dans un registre familier, **est-ce que** disparaît très souvent.
Seule l'intonation montante indique que c'est une question.

- ● *Vous faites du sport ?*
- ○ *Moi oui, un petit peu.*
- ■ *Moi non, pas du tout.*

Qu'est-ce que est une question partielle et les réponses possibles sont nombreuses.

- ● *Qu'est-ce qu'on achète pour son anniversaire ?*
- ○ *Je ne sais pas. Un disque ? Un pullover ? Un livre ?*

- ● *Qu'est-ce que nous apportons samedi ? Une bouteille de vin ? Un gâteau ?*
  Des jus de fruits ?
- ○ *Apportez un peu de vin.*

- ● *Qu'est-ce qu'il mange normalement ?*
- ○ *Il mange de tout. Ce n'est pas un enfant difficile.*

À l'oral, dans un registre de langue familière, on utilise **quoi** au lieu de **qu'est-ce que**.

*On achète **quoi** pour son anniversaire ?*
*On apporte **quoi** samedi ?*
*Il mange **quoi** ?*

LES PRONOMS COD ET COI : LE, LA, L', LES ET LUI, LEUR

Les pronoms compléments d'objet direct (COD) sont **le, la, l'** et **les**. Ils se réfèrent
à une personne ou à une chose. Ils s'utilisent pour ne pas répéter un nom COD.

- ● *Vous voyez Cédric aujourd' hui ?*
- ○ *Oui, nous **le** voyons cet après-midi.*   (MASCULIN SINGULIER)

- ● *Alors, vous avez vu Cédric ?*
- ○ *Non, finalement, on ne **l'**a pas vu.*   (MASCULIN SINGULIER DEVANT UNE VOYELLE)

- ● *Tu connais Viviane ?*
- ○ *Oui, je **la** connais bien.*   (FÉMININ SINGULIER)

- ● *Vous écoutez la radio ?*
- ○ *Oui, je **l'**écoute dans la voiture.*   (FÉMININ SINGULIER DEVANT UNE VOYELLE)

- ● *Qui achète les boissons ?*
- ○ *Je **les** achète.*   (PLURIEL)

MASCULIN SINGULIER	FÉMININ SINGULIER	MASCULIN ET FÉMININ SINGULIER DEVANT UNE VOYELLE OU UN **H** MUET	PLURIEL
le	la	l'	les

Les pronoms d'objet indirect (COI) sont **lui** et **leur**.
Ils se réfèrent souvent à une personne qui a un rôle de destinataire de l'action.

Lui remplace un nom masculin ou un nom féminin singulier.

- *Qu'est-ce que vous offrez **à Éric** ?*
- *On **lui** offre un pullover.*   (MASCULIN SINGULIER)
- *Et **à Sylvie** ?*
- *On **lui** offre un parfum.*   (FÉMININ SINGULIER)

Leur remplace un nom masculin ou féminin pluriel.

- *Tu as acheté quelque chose **à tes parents** ?*
- *Oui, je **leur** ai acheté un téléphone portable.*   (MASCULIN PLURIEL)

- *Qu'est-ce que tu as dit **à Ingrid et Audrey** ?*
- *Je **leur** ai dit de venir.*   (FÉMININ PLURIEL)

SINGULIER	PLURIEL
lui	leur

Les pronoms COD et COI se placent normalement devant le verbe dont ils sont compléments.

- *Il est beau ton pull !*
- *Merci, je **l'**ai acheté hier.*

- *Et ton travail ?*
- *Je peux **le** faire demain.*   ~~Je le peux~~ faire demain.

- *Tu as parlé à Marie ?*
- *Je vais **lui** parler ce soir.*   ~~Je lui vais~~ parler ce soir.

SALÉ OU SUCRÉ ?

POIDS ET MESURES

un kilo de viande	(1 kg)
un demi-kilo de viande*	(1/2 kg)
un kilo et demi de viande*	(1,5 kg)
cent grammes de viande	(100 g)
deux cent cinquante grammes de viande	(250 g)

*Dans l'usage non officiel on dit encore souvent **une livre de ..., trois livres de ...**
La livre est une ancienne mesure de 489,5 grammes exactement.

un litre d'eau	(1 l)
un demi-litre d'eau	(1/2 l)
un tiers de litre d'eau	(1/3 l)
un quart de litre de vin	(1/4 l)

une douzaine d'œufs	(= 12)
une demi-douzaine d'œufs	(= 6)

PAS DE, PEU DE, UN PEU DE, BEAUCOUP DE, QUELQUES

Pas, peu, un peu et **beaucoup** sont des adverbes de quantité. Quand ils sont suivis d'un nom, il faut ajouter la préposition **de/d'**.

*Je n' ai **pas de** voiture.*
*Le poisson est un aliment sain qui contient **peu de** graisses.*
*Nous avons **un peu de** temps devant nous.*
*Timothée a **beaucoup d'**amis.*

	Je n' ai pas d' argent.
€	*J' ai peu d' argent.*
€€	*J' ai un peu d' argent.*
€€€	*J' ai beaucoup d' argent.*

Un peu de ne s'utilise pas avec des noms comptables.

Nous avons ~~un~~ peu d' amis.

Pour exprimer une petite quantité comptable, on utilise **quelques**.

*Nous avons **quelques** amis.*
*J' ai fait **quelques** courses au supermarché.*

PAS ASSEZ DE/D', ASSEZ DE/D', TROP DE/D'

Pas assez de/d', assez de/d' et **trop de/d'** expriment un point de vue subjectif.
Le locuteur donne son opinion à propos d'une quantité qu'il juge insuffisante (**pas assez de/d'**), suffisante (**assez de/d'**) ou excessive (**trop de/d'**).

*Il n' y a **pas assez de** sucre dans le café, c'est amer !*

*Dix exercices à faire pour demain ! Le professeur de math nous donne **trop de** devoirs.*

● *Est-ce que tu as **assez de** farine pour faire des crêpes ?*
○ *Oui, j'en ai **assez**.*

EN

Le pronom **en** reprend une quantité.

- *Vous avez **beaucoup d'amis** à Paris ?*
- ○ *J' **en** ai quelques-uns.*

- *Est-ce qu' il y a **une pharmacie** près d' ici ?*
- ○ *Oui, il y **en** a une sur la place de la République.*

- *Tu as mis **du poivre** ?*
- ○ *Oui, j' **en** ai mis un peu.*

- *Est-ce que tu as déjà mangé **des cuisses de grenouilles** ?*
- ○ *Non, je n' **en** ai jamais mangé.*

- ***Combien de sucres** tu mets dans ton café ?*
- ○ *J' **en** mets deux morceaux.*
- *Et toi ?*
- ■ *Je n' **en** mets pas.*

LES PRONOMS COMPLÉMENTS : LE, LA, L', LES

Les pronoms compléments d'objet direct (COD) **le, la, l'** et **les** remplacent un nom déjà introduit dans le discours. Ils se placent normalement devant le verbe conjugué, devant l'auxiliaire du verbe conjugué ou devant l'infinitif du verbe dont ils sont compléments (voir **Mémento grammatical** de l'Unité 6).

- *Comment fonctionne **ce truc** ?*
- ○ *Tu **l'**ouvres comme ça et tu **le** mets en marche en appuyant ici.*   (MASCULIN SINGULIER)

- *Tu vois **Sonia** aujourd' hui ?*
- ○ *Oui, je **la** vois ce soir.*   (FÉMININ SINGULIER)

- *Qui fait **les courses** ?*
- ○ *Je peux **les** faire demain.*   (PLURIEL)

MASCULIN SINGULIER	FÉMININ SINGULIER	MASCULIN ET FÉMININ SINGULIER DEVANT UNE VOYELLE OU UN **H** MUET	PLURIEL
le	la	l'	les

Ta chambre est désordonnée, range-la !

Quand le verbe est à l'impératif affirmatif, **le, la,** et **les** se placent derrière le verbe.

- *Tu n' as pas lu ce livre ?*
- ○ *Non.*
- ■ *Lis-**le**, c'est passionnant !*

*Lavez une pomme et coupez-**la** en petits morceaux.*

*Mettez les lardons dans une poêle et faites-**les** frire.*

METTRE (met-mett)
je met**s**
tu met**s**
il/elle met
nous mett**ons**
vous mett**ez**
ils mett**ent**

INDIQUER LA SUCCESSION DES ACTIONS : D'ABORD, APRÈS, ENSUITE, PUIS, ENFIN

Des mots comme **d'abord, ensuite, puis, après** et **enfin** indiquent les différentes étapes dans la réalisation d'un projet, d'un exposé, d'une recette de cuisine ou bien signalent la succession des actions dans un récit.

SOUPE À L'OIGNON

> **D'abord,** tu épluches les oignons. **Ensuite,** tu coupes les oignons en morceaux **puis** tu les fais revenir dans un peu d'huile. **Après,** tu ajoutes trois cuillères de farine et un verre de vin blanc. Tu mélanges bien. **Enfin,** tu verses un demi-litre d'eau bouillante et tu laisses cuire pendant dix minutes.

> D'abord, tu coupes les oignons, **ensuite,** tu presses le citron, **puis,** tu rapes le fromage et tu mets du sel dans l'eau bouillante. **Après,** ... **Enfin,** ...

EN TRAIN OU EN AVION ?

DÉJÀ, ENCORE/TOUJOURS

Déjà exprime qu'une action est réalisée avant le moment attendu par le locuteur.

- ● *J' ai fini.*
- ○ *Déjà ? Tu es rapide !*

- ● *À quelle heure ouvre la banque ?*
- ○ *Elle est déjà ouverte.*

Déjà se place normalement après le verbe conjugué ou bien après l'auxiliaire conjugué.

Il a seulement trois ans mais il sait déjà lire.

- ● *Tu déjeunes avec nous ?*
- ○ *Non merci, j' ai déjà déjeuné.*

J'ai déjà fini !

Encore et **toujours** indiquent la permanence d'un objet, d'un état ou d'une action. Ces formes se placent normalement après le verbe conjugué.

- ● *Il y a encore du café ?*
- ○ *Oui, il en reste un peu.*

Tu es toujours étudiant à ton âge ?

- ● *Tu travailles encore à l' heure qu' il est ?*
- ○ *Oui, j' ai un travail urgent à finir.*

LA NÉGATION : NE ... PLUS

Ne ... plus exprime une rupture de la permanence, un changement d'état ou de comportement. **Ne** est placé avant le verbe, ou l'auxiliaire conjugué, et **plus** est placé après.

- ● *Il y a encore du coca-cola ?*
- ○ *Non, il n'y en a plus, nous avons tout bu.*

- ● *Il fume encore ?*
- ○ *Non, il ne fume plus depuis deux mois.*

- ● *Vous êtes toujours chez Danone?*
- ○ *Non, je n'y travaille plus.*

À l'oral et dans un registre de langue familière, **ne** disparaît.

Je Ø fume plus.

ÊTRE EN TRAIN DE + INFINITIF

Être en train de + INFINITIF exprime une action en progression.

- ● *Où sont les enfants ?*
- ○ *Ils sont en train de jouer dans leur chambre.*

je **suis**		manger
tu **es**		travailler
il/elle/on **est**	**en train de/d'**	étudier
nous **sommes**		lire
vous **êtes**		dormir
ils/elles **sont**		s'habiller

À la forme négative :

*Je **ne** suis **pas** en train de m' amuser.*

ÊTRE SUR LE POINT DE, VENIR DE + INFINITIF

Être sur le point de + INFINITIF exprime une action future immédiate.
Venir de + INFINITIF exprime une action à peine achevée.

● *Vite ! Le train **est sur le point de** partir.*
○ *Trop tard ! Il **vient de** partir.*

VENIR (vien-ven-vienn)	
je **viens**	
tu **viens**	
il/elle/on **vient**	**de** + INFINITIF
nous **venons**	
vous **venez**	
ils/elles **viennent**	

EXPRIMER DES ACTIONS FUTURES : ALLER + INFINITIF

Aller + INFINITIF exprime une action future dont la probabilité est très forte.

● *Qu'est-ce que **tu vas** faire ce week-end ?*
○ ***Je vais** dormir !*

Ce soir,	je **vais**	
Demain,	tu **vas**	
La semaine prochaine,	il/elle/on **va**	
Le mois prochain,	nous **allons**	**+** INFINITIF
L'année prochaine,	vous **allez**	
Dans deux ans,	ils/elles **vont**	

Le futur peut aussi s'exprimer avec le présent de l'indicatif accompagné d'un marqueur temporel qui indique le futur.

● *Quand est-ce que **vous partez** ?*   ● *Quand est-ce que **vous revenez** ?*
○ ***Je pars** demain.*   ○ *La semaine prochaine.*

SITUER DANS LE TEMPS : PÉRIODES ET DATES

PASSÉ
hier
avant-hier
il y a deux jours
lundi (dernier)
la semaine dernière
le mois dernier
l'été dernier
l'année dernière
le 24 juin **(dernier)**

FUTUR
demain
après-demain
dans deux jours
lundi (prochain)
la semaine prochaine
le mois prochain
l'été prochain
l'année prochaine
le 24 juin **(prochain)**

- *C'est quel jour aujourd' hui ?*
- *Aujourd' hui, **nous sommes** lundi.*
- ***Nous sommes** le 14 juin 2004.*

- *C'est quand votre anniversaire ?*
- *Le 6 décembre.*

Quand est-ce que tu pars en vacances ? ***Le** premier août.*
***Ce** soir.*
Mercredi.

L'article défini **le** devant les jours de la semaine exprime l'habitude et la fréquence.

- *Vous faites de la natation ?*
- *Oui, **le** lundi et **le** mercredi.*

(Voir **Mémento grammatical** de l'Unité 4.)

LES MOMENTS DE LA JOURNÉE

Pour préciser le moment de la journée.

	matin
hier	**midi**
demain	**après-midi**
	soir
	dans la nuit

- *Quand est-ce que vous partez ?*
- ***Demain matin.***

Pour préciser qu'il s'agit d'un moment de la journée actuelle, on utilise les adjectifs démonstratifs **ce, cet** et **cette**.

ce matin   **ce** soir
ce midi   **cette** nuit
cet après-midi

- *Quand est-ce qu'elle est partie ?*
- ***Ce matin.***
- *Et quand est-ce qu'elle va rentrer ?*
- ***Cette nuit.***

Pour exprimer l'habitude ou la fréquence d'une action, on utilise les articles définis **le** et **la**.

*Je travaille **la nuit** et j' étudie **le jour**.*

(Voir **Mémento grammatical** de l'Unité 4.)

DIRE L'HEURE

- *Quelle heure **est-il** ?*
- ○ ***Il est** une heure/deux heures.*

une heure (**pile**)	**du matin**	(1:00)
une heure **cinq**	**du matin**	(1:05)
deux heures **et quart**	**de l'après-midi**	(14:15)
neuf heures **et demie**	**du soir**	(21:30)
onze heures **moins le quart**	**du soir**	(22:45)

midi cinq	(12:05)
minuit moins cinq	(23:55)

Pour les horaires de services publics (transports, commerces, services administratifs, etc.), on utilise la forme numérique.

douze heures
seize heures
vingt-quatre heures

Pour dire l'heure à laquelle quelque chose a lieu on utilise la préposition **à**.

- ***À quelle heure** commence le film ?*
- ○ ***À** 8 heures trente.*

Pour indiquer les horaires d'ouverture et de fermeture d'un établissement (commerces, services administratifs, etc.) on utilise les prépositions **de ... à** ou **de ... jusqu'à**.

- *Vous ouvrez à quelle heure?*
- ○ ***De** huit heures trente **à** douze heures et **de** quatorze heures trente **jusqu'à** seize heures.*

POSER DES QUESTIONS

Il y a trois manières de poser une question.

À l'oral et dans un registre de langue familier, on exprime l'interrogation avec une **intonation montante**.

Vous êtes français ?
Hélène est française ?

Dans un registre de langue standard, on exprime l'interrogation avec **est-ce que**.

***Est-ce que** vous êtes français ?*
***Est-ce qu'** Hélène est française ?*

Dans un registre de langue soutenu, on exprime l'interrogation avec une **inversion verbe + pronom personnel sujet**.

***Êtes-vous** français ?*
*Hélène **est-elle** française ?*

Dans ce cas, il y a un trait d'union entre le verbe et le pronom.

Avez-vous compris ?
Aimes-tu le funk ?

ON VIT BIEN ICI !

COMPARER

Comparer une quantité

On peut comparer deux quantités pour indiquer la supériorité, l'égalité ou l'infériorité.

Paris : 10 561 573 habitants
Lyon : 1 597 662 habitants
Tours : 368 314 habitants
Valenciennes : 368 279 habitants

*Paris a **plus d'**habitants **que** Lyon.*
*Il y a **autant d'** habitants à Tours **qu'**à Valenciennes.*
*Tours et Valenciennes ont **moins d'**habitants **que** Paris.*

On peut préciser une comparaison avec **un peu, beaucoup, bien, deux / trois... fois,** etc.

*Tours et Valenciennes ont **beaucoup moins d'**habitants **que** Paris.*
*Il y a **un peu moins d'** habitants à Valenciennes **qu'**à Tours.*
*Il y a **six fois plus d'**habitants à Paris **qu'** à Lyon.*

Comparer une qualité

L'adjectif qualificatif se place entre les deux marqueurs de la comparaison.

*Paris est **plus** grand **que** Lyon.*
*Tours est **aussi** grand **que** Valenciennes.*
*Lyon est **moins** grand **que** Paris.*

Les adjectifs **bon** et **mauvais** ont leur propre forme.

Bon/ne/s/es ➜ **meilleur/e/s/es**
*La qualité de vie est **meilleure** à Tours qu' à Paris.*

Mauvais/e/es ➜ **pire/es**
*Les conditions de vie sont **pires** dans une grande ville (**que** dans une petite ville).*

Mais à l'oral, on dit souvent :

*Les conditions de vie sont **plus mauvaises**...*

On peut nuancer la comparaison avec **un peu, beaucoup, bien**...

*Lyon est **beaucoup moins grand que** Paris mais les conditions de vie y sont **bien meilleures**.*

Comparer une action

Dans une grande ville, on (ne) travaille (pas)   ***plus***
                                                     ***autant que** dans une petite ville.*
                                                     moins

Plus, autant et **moins** se placent après le verbe.

*Dans une grande ville on sort **plus que** dans une petite ville.*

Dans une grande ville on ~~plus sort~~...

Je suis plus belle que Blanche-Neige !

LE MÊME, LA MÊME, LES MÊMES

Le même, la même, les mêmes expriment l'égalité et s'accordent en genre et en nombre avec le nom.

	MASCULIN SINGULIER	FÉMININ SINGULIER	PLURIEL
Cannes et Nice ont	**le même** climat.	**la même** histoire.	**les mêmes** ressources économiques.

LE SUPERLATIF

Le superlatif exprime la qualité unique des objets et des êtres.

*Paris est **la plus** grande ville de France.*
*Paris est la ville **la plus** grande de France.*

MASCULIN SINGULIER	FÉMININ SINGULIER	PLURIEL
le plus, le moins	la plus, la moins	les plus, les moins

> Miroir, miroir, qui est la plus belle ?

L'adjectif **bon** devient **le meilleur, la meilleure, les meilleurs, les meilleures**.
L'adjectif **mauvais** devient **le pire, la pire, les pires**.

*Gérard Depardieu est **le meilleur** acteur français de sa génération.*
*Christine et Aïcha sont **les meilleures** amies de Sophie.*
*C'est **le pire*** film de l'année !*

* À l'oral, on dit souvent : **le plus mauvais, la plus mauvaise** et **les plus mauvais(es)**.

*C'est **le plus mauvais** film de l'année !*

LE PRONOM RELATIF OÙ

Le pronom relatif **où** permet d'intégrer dans la phrase des informations complémentaires à propos d'un lieu.

*Bruxelles est une ville **où** il pleut beaucoup. (= Bruxelles a un climat pluvieux)*

*J' habite dans un quartier **où** il y a beaucoup de commerces.*
(= J' habite dans un quartier très commercial)

SITUER DANS L'ESPACE : Y

Y est un pronom qui fait référence à un lieu déjà mentionné et qui permet de ne pas répéter ce nom de lieu.

● *Vous habitez à Lyon ?*
○ *Non, j' **y** travaille, je n' **y** habite pas. (à Lyon)*

● *C'est joli Strasbourg ?*
○ *Je ne sais pas, je n' **y** suis jamais allé ! (à Strasbourg)*

Table des matières

Et nous allons utiliser :
- ♦ le lexique des aliments (ingrédients, saveurs, mode de préparation)
- ♦ les poids et les mesures
- ♦ les quantificateurs du nom : **trop de/d', beaucoup de/d', assez de/d', pas assez de/d', très peu de/d'**
- ♦ **d'abord, ensuite, puis, enfin**

À la fin de l'unité nous serons capables :
- ♦ de comprendre des menus
- ♦ de savoir nous comporter dans un restaurant, de commander un menu, de demander et comprendre des informations sur les plats
- ♦ de donner des instructions pour réaliser quelque chose

Dans cette unité, nous allons mettre au point les détails d'un voyage.

Pour cela nous allons apprendre :
- ♦ à dire l'heure, la date et les moments de la journée
- ♦ à obtenir des informations sur les horaires et les transports
- ♦ à réserver une chambre d'hôtel
- ♦ à rédiger un courriel pour transmettre des informations
- ♦ quelques informations sur la Belgique et notamment sur Bruxelles

Et nous allons utiliser :
- ♦ l'hypothèse : **si** + présent
- ♦ **être sur le point de, être en train de, venir de**
- ♦ **mettre du temps, une heure, deux jours**
- ♦ le futur proche : **aller** + infinitif
- ♦ **déjà, encore, pas encore**
- ♦ les prépositions de localisation dans le temps et dans l'espace : **de ... jusqu'à, entre, avant, après...**
- ♦ la formulation des questions

À la fin de l'unité nous serons capables :
- ♦ de comprendre des informations fournies sous forme de tableau horaire
- ♦ de situer dans le temps et l'espace des êtres et des événements
- ♦ d'organiser des activités en fonction de nos besoins et de nos contraintes et de communiquer nos décisions à ce sujet

Nous allons discuter des problèmes d'une ville et proposer des solutions en établissant une liste de priorités.

Pour cela nous allons apprendre :
- ♦ à décrire et comparer des lieux
- ♦ à exprimer notre opinion
- ♦ à évaluer et à établir des priorités
- ♦ quelques aspects de la vie urbaine en France

Et nous allons utiliser :
- ♦ les comparatifs et les superlatifs : **plus ... que, aussi ... que, autant de ... que, le/la/les plus**
- ♦ **manquer de**
- ♦ les pronoms **où** et **y**
- ♦ des expressions d'opinion : **à mon avis, je pense que, pour moi...**
- ♦ des marqueurs d'argumentation : **en plus, par contre**
- ♦ le lexique des services, des institutions et des commerces

À la fin de l'unité nous serons capables :
- ♦ de comprendre des informations contenues dans un dossier thématique, d'extraire celles qui nous semblent pertinentes et d'en tirer des conclusions personnelles
- ♦ d'exprimer notre opinion lors d'un débat, en établissant les priorités et les points principaux de notre argumentation

Cette méthode est basée sur une conception didactique
et méthodologique de l'approche par les tâches en langues étrangères
développée par Neus Sans Baulenas et Ernesto Martín Peris.

ROND-POINT 1
Livre de l'élève

Auteurs
Josiane Labascoule
Christian Lause
Corinne Royer

Édition
Agustín Garmendia Iglesias et Eulàlia Mata Burgarolas

Conseil pédagogique et expérimentation
Isabelle Anthore, Jacqueline Broche Martel et Neus Sans Baulenas

Conception graphique
A2-Ivan Margot

Couverture
A2-Ivan Margot ; illustration : Javier Andrada

Mise en page
A2-Anna Campeny

Illustrations
Javier Andrada et David Revilla

Enregistrements
Voix : Carine Bossuyt, Christian Lause (Belgique) ; Katia Coppola, Lucile Herno, Josiane Labascoule, David Molero,
Corinne Royer, Jean-Paul Sigé (France) ; Martine Meunier (Québec) ; Richard Balamou (Côte d'Ivoire).
Musique : « Sur le pont d'Avignon », Titoun'zic.
Studio d'enregistrement : CYO Studios

Photographies et images
Toutes les photographies ont été réalisées par Marc Javierre Kohan sauf :
Frank Iren : p. 8 (C), p. 10 (7), p. 26 (toutes sauf Poitiers), p. 89 (Bordeaux), p. 95 (1 et 3). Photographies cedées par Tourisme
Québec © p. 8 (E et H), p. 14, p. 36-37, p. 86-87, p. 95 (2). Photographies cedées par la Région de Bruxelles-Capitale : p. 8 (D),
p. 14, p. 84-85. Vimenet/Parc de Futuroscope® : p. 26. J.-Ph. Vantighem © p. 32. Frank Kalero : p. 42 (alimentation), p. 43,
p. 46 (2, 6 et 7), p. 52 (Renaud), p. 64. Miguel Raurich : p. 46 (5). Matteo Canessa : p. 50. Hermann Danzmyr/Dreamstime :
p. 60. Jean-Paul Tupin : p. 89 (Besançon).

Remerciements
Rebecca Rossi, Katia Coppola, Marta Espinac, Sabil Beladri, Tadaki, Francesc Mirada, Neus Royo, Esperança Roca Font, Nicolas
et Marie-Laure Renaud, Laura Sau, Montse Belver, Bibiana Abelló, Matilde Martínez Sallés, Andrea Ceruti, Unai Castells.

© Les auteurs et Difusión, Centre de Recherche et de Publications de Langues, S.L.
Barcelone, 2004
Réimpression : juillet 2009

ISBN édition internationale : 978-84-8443-160-2
D.L. : B-1.109-2005

Imprimé en Espagne par Tallers Gràfics Soler, S.A.

difusión
Français
Langue
Étrangère

C/ Trafalgar, 10, entlo. 1ª
08010 Barcelone. Espagne
Tél (+34) 93 268 03 00
Fax (+34) 93 310 33 40
fle@difusion.com

www.difusion.com